SPÉCIAL DÉBUTANTS

Je me mets à l'Internet

3e édition

Yasmina Salmandjee Lecomte

FIRST
> Interactive

Je me mets à l'Internet, 3e édition

27, rue Cassette
75006 Paris - France
Tél. 01 45 49 60 00
Fax 01 45 49 60 01
E-mail : firstinfo@efirst.com
Internet : www.efirst.com

ISBN : 978-2-7540-0416-9
Dépôt légal : 2e trimestre 2007
Imprimé en France

Mise en page : Catherine Kédémos

Table des matières

CHAPITRE 3

Abonnez-vous à l'Internet 39

CHAPITRE 4

En route pour le Web ! 57

CHAPITRE 5

Le meilleur du Web ! 77

CHAPITRE 11

Vive les achats sur le Web ! 183

CHAPITRE 12

Créez votre propre blog 197

Annexe

Index 230

Témoignages de lecteurs des précédentes éditions

Nous venons de nous mettre à l'Internet avec l'aide de votre ouvrage. Nous le trouvons très complet et très facile d'utilisation !

Céline S.

Je suis très satisfait de votre livre *Je me mets à l'Internet*. Je l'ai d'ailleurs déjà recommandé à d'autres débutants. Un grand merci !

André C.

Cet ouvrage est parfaitement clair et facile à comprendre. Tout y est expliqué d'une manière très simple, ce qui est appréciable pour un débutant comme moi. Félicitations !

F.H.

Non débutant en informatique mais super-débutant en ADSL et en Internet, et très déçu par les ouvrages que j'avais pu voir sur le sujet, j'ai eu la chance de trouver le vôtre en librairie. C'est exactement ce que je voulais : un ouvrage très explicite et fort bien illustré d'exemples en couleurs. Un grand bravo à l'auteur, qui a parfaitement compris les problèmes des débutants !

André G.

Ce livre est très bien, car, pour les débutants de plus de 50 ans, c'est dur, dur…

Monique J.

Votre livre est parfait pour un débutant comme moi.

Pascal

J'ai trouvé votre livre très utile, car il m'a permis d'écrire mon premier e-mail, et celui-ci a pour objet de vous féliciter pour tous les conseils que vous donnez. J'ai 75 ans et je pense que votre leçon me servira pour l'avenir. Merci pour ce que j'ai appris !

Georges G.

Retrouvez d'autres témoignages et communiquez avec l'auteur sur son blog :

`http://yasminasalmandjee.blogspirit.com`

L'auteur s'engage à répondre à tous les messages (si tant est qu'ils concernent cet ouvrage) que vous lui enverrez à cette adresse (voyez les chapitres 7 et 8 si vous ne savez pas comment procéder) :

`yasminasalmandjee@free.fr`

Présentation

À qui est destiné ce livre

Vous possédez un ordinateur et avez décidé de vous lancer dans l'Internet ? Cet ouvrage est fait pour vous ! Nous vous proposons de vous guider dans votre découverte, des étapes fondamentales (acquérir un équipement idéal et choisir un abonnement à l'Internet) aux manipulations avancées (sécuriser votre ordinateur ou télécharger un programme), en passant par tout ce qui fait le succès de l'Internet : accès à l'information et au divertissement, échanges et communications facilités, *etc*.

Tous les concepts vous seront présentés avec des explications détaillées et à l'aide de termes que vous comprendrez, et non dans un jargon technique que vous ne maîtrisez pas ! Nous n'oublierons pas d'aborder, bien sûr, les nombreux aspects pratiques et ludiques de l'Internet.

Cet ouvrage fera le point sur ce qu'est l'Internet aujourd'hui et tout ce que vous pouvez accomplir grâce à ce média révolutionnaire. Vous découvrirez que l'Internet, qui donne la possibilité aux ordinateurs du monde entier de « communiquer » entre eux, présente de très nombreuses et réelles utilités dans le quotidien.

Nous commencerons par la procédure à suivre pour connecter votre ordinateur à l'Internet, du choix d'un abonnement au branchement des câbles. Nous découvrirons ensuite en détail les principales utilisations de l'Internet et les techniques essentielles à connaître pour en profiter au maximum. L'exploration et la recherche de sites Web, les fameux e-mails, la messagerie instantanée et les achats en ligne, sans oublier le téléchargement d'un bon antivirus pour votre ordinateur : tous ces concepts n'auront bientôt plus aucun secret pour vous !

Comment est conçu ce livre

Cet ouvrage a été conçu comme un véritable guide pratique, qui vous accompagnera tout au long de vos premiers pas, jusqu'à vos explorations d'utilisateur « averti » de l'Internet. Rien ne vous oblige à le lire linéairement, chapitre après chapitre : il a au contraire été pensé pour être consulté à tout moment, selon le thème que vous souhaitez découvrir ou approfondir !

L'ordre des chapitres suit néanmoins une progression logique, partant des fondamentaux qui permettent de se connecter à l'Internet, pour aboutir aux techniques les plus pointues afin d'en profiter pleinement et de protéger votre ordinateur.

N'oubliez pas aussi que la meilleure manière de procéder est de parcourir cet ouvrage tout en restant à proximité de votre ordinateur, afin de mettre en pratique ce que vous apprenez au fur et à mesure.

Enfin, rassurez-vous : en dehors de quelques conseils pour compléter votre ordinateur à l'aide d'accessoires, si votre ordinateur fonctionne sous Windows (même une version antérieure à Windows Vista, comme Windows XP), vous possédez déjà assurément tout ce qui est nécessaire pour accomplir l'ensemble des tâches présentées dans cet ouvrage. Sinon, dans tous les cas, il vous sera très clairement expliqué comment remédier à un manque éventuel !

Découvrez petit à petit

Comme cela vient d'être expliqué, les différentes parties de cet ouvrage sont relativement indépendantes, tout en se complétant pour vous donner une expérience originale et *in extenso* de l'Internet.

Vous commencerez donc, si c'est nécessaire, par équiper votre ordinateur pour *accéder à l'Internet*, et prendre une décision réfléchie au moment de choisir votre abonnement. Une fois votre kit de connexion reçu, vous installerez le matériel et vous connecterez pour la première fois.

Une fois connecté, vous pourrez vous lancer immédiatement dans la communication par *courrier électronique*. N'hésitez pas à m'envoyer votre premier message ! Vous aborderez ensuite l'e-mail avec un regard de connaisseur et n'aurez bientôt plus aucune difficulté pour recevoir et envoyer des *pièces jointes*, par exemple des photographies.

Vous vous aventurerez ensuite peut-être pour la première fois sur *le Web* et explorerez sa pléthore de sites ! Nul doute que vous comprendrez alors l'intérêt d'utiliser un *moteur de recherche*, comme Google, dont vous deviendrez un utilisateur assidu.

Enfin, quelques semaines plus tard, vous découvrirez peut-être l'intérêt de la *messagerie instantanée* pour garder un contact très vivant avec vos proches. Dialogue en direct, émoticônes : ils seront surpris par vos connaissances sur ce sujet à la mode !

Nous vous proposons même, pour finir, de vous lancer dans l'achat en ligne, et, pourquoi pas, de vendre tout ce que vous souhaitez aux enchères. Ce sera alors à votre tour de devenir un véritable acteur de l'Internet ! Vous verrez, c'est très facile !

S'il est un chapitre sur lequel nous vous recommandons de ne pas faire l'impasse, c'est le chapitre 10, car il concerne la *sécurité* de votre ordinateur et le comportement à observer face aux menaces que peuvent être les virus et intrusions pour un utilisateur non averti.

Il n'est pas nécessaire de retenir à tout prix, par cœur, les informations que nous donnons dans cet ouvrage. Retenez bien que nous avons conçu ce livre comme un guide pratique, que vous consulterez dès que nécessaire ; avec l'expérience, vous saurez vous en passer...

Des rubriques pour vous repérer

PAS À PAS

Les rubriques **Pas à pas** vous guident dans l'exécution d'une tâche. Chaque étape est expliquée et les points essentiels sont illustrés à l'aide d'écrans. Il s'agit de vous aider à réaliser une tâche précise ou de détailler un principe fondamental qui vous servira dans la manipulation de l'ordinateur.

KIT DE SURVIE

Les rubriques **Kits de survie** font la lumière sur les problèmes que vous pouvez rencontrer ou sur des manipulations complexes.

POUR RÉSUMER

À la fin de chaque chapitre, vous trouverez un résumé des éléments essentiels qui ont été abordés. Vous vérifierez ainsi ce que vous aurez acquis après votre lecture. Ce résumé vous permettra également de retrouver facilement les sujets abordés dans un chapitre lorsque vous reprendrez l'ouvrage par la suite.

Soyez sûr de vous et optimiste !

Pour terminer cette introduction, nous souhaitons insister sur une des clés de la réussite pour se lancer dans l'informatique en général, et surtout dans l'Internet : la confiance en soi et la certitude que vous allez y arriver.

Chacun vous le dira : l'Internet est formidable parce que c'est une porte ouverte sur le monde. Il est donc essentiel que vous soyez vous-même complètement motivé et décidé à aller à sa rencontre !

L'informatique et l'Internet sont de nos jours non seulement incontournables, mais aussi de plus en plus faciles à aborder. Cet ouvrage est d'ailleurs là pour vous en convaincre, comme tous ceux de la collection « Spécial Débutants ».

Vous allez vite oublier vos éventuelles appréhensions, et découvrir qu'on peut réellement s'amuser et prendre du plaisir grâce à un ordinateur et à l'Internet ! Et si vous faites déjà partie des enthousiastes à qui rien ne fait peur, c'est encore mieux…

Bonne lecture !

Dix nouvelles activités à découvrir grâce à l'Internet

1. Correspondre à vitesse grand V et gratuitement avec vos proches grâce à l'e-mail
2. Récupérer des photos et les envoyer à toute la famille
3. Trouver une information complète et détaillée sur n'importe quel sujet
4. Découvrir de nouveaux centres d'intérêt, apprendre et vous divertir
5. Dialoguer en direct avec vos proches grâce à la messagerie instantanée
6. Faire une visioconférence par webcam avec vos enfants qui se trouvent à l'autre bout du monde
7. Télécharger des programmes utiles, de la généalogie à la comptabilité en passant par les jeux
8. Faire de bonnes affaires grâce aux achats en ligne ou aux enchères
9. Créer ou consulter un blog et laisser des commentaires
10. Écouter de la musique ou la radio, regarder des vidéos, *etc.*

CHAPITRE 1

L'Internet : pourquoi pas vous ?

Dans ce premier chapitre, vous allez comprendre pourquoi l'Internet va – n'ayons pas peur des mots – changer votre vie ! Vous découvrirez comment, en révolutionnant d'anciennes habitudes, l'Internet permet de se simplifier la vie et de faire des économies de temps et d'argent.

Si vous savez déjà ce qu'est l'Internet, il est temps de faire le point sur quelques notions et de rétablir certaines vérités sur ces « nouvelles technologies » qui font désormais partie de notre quotidien. Si vous ignorez tout de l'Internet, mais lisez ce livre, c'est que vous avez décidé de vous lancer... Alors, bravo ! C'est déjà un pas important dans la bonne direction.

Quoi qu'il en soit, à la fin de ce premier chapitre, vous serez convaincu, j'en suis sûre, de l'intérêt de faire entrer l'Internet dans votre maison et dans votre vie de tous les jours !

Ce qui va changer pour vous grâce à l'Internet

Avant même de parler de ce qu'est exactement l'Internet et de la façon de s'y mettre, voici quelques exemples de ce qu'il peut vous apporter… et que vous découvrirez bien sûr dans cet ouvrage !

Informez-vous et communiquez avec vos proches

Le saviez-vous ? L'Internet, c'est une porte ouverte sur une quantité quasi illimitée d'informations, mais aussi de nouveaux moyens de communication avec le reste du monde. Grâce à l'Internet, vous pourrez en effet :

- **rester en contact avec votre famille**, par e-mail ou « chat », voire en visioconférence,
- **dialoguer et échanger des idées avec vos proches**, même ceux qui vivent à l'autre bout de la planète,
- **apprendre et partager votre savoir** sur n'importe quel sujet (il y a fort à parier que vous trouverez sur l'Internet des personnes ayant les mêmes centres d'intérêt que vous !),
- **découvrir de nouveaux talents musicaux ou artistiques** qui se développent grâce à l'Internet,
- **vous divertir** grâce à la pléthore de possibilités qui s'ouvriront à vous : jeux, loisirs créatifs, collections… toutes les passions s'expriment sur l'Internet !

Et cette liste est loin, très loin, d'être exhaustive… Recevoir des photographies de vos enfants par courrier électronique ? Télécharger un formulaire administratif en quelques secondes, sans vous déplacer ? Devenir un pro du « chat » par l'Internet et utiliser une webcam ? Faire de bonnes affaires en toute sécurité grâce à l'achat en ligne ? Ce ne sont que quelques exemples de tout ce que peut vous offrir l'Internet.

Simplifiez-vous la vie au quotidien !

Comme je viens de l'évoquer, l'Internet ne fournit pas seulement de l'information à l'état brut. En fait, grâce aux « sites Web » (on reviendra très bientôt sur ce sujet), c'est tout un éventail d'opportunités, des plus pratiques au plus divertissantes, des plus généreuses aux plus enrichissantes, qui s'offrent à vous. Voici quelques exemples :

- **trouver des coordonnées téléphoniques** sans passer par les renseignements et rechercher un numéro dans toute la France, par exemple, en quelques secondes,
- **effectuer une démarche administrative** (une demande d'acte de naissance, par exemple) sans quitter la maison,
- **acheter des billets de train sans vous déplacer**, et comparer à volonté les offres avant de choisir,
- **consulter le programme télé ou ciné de la soirée**, et même réserver des places pour la séance de votre choix,
- **écouter une radio** qui émet à l'autre bout de la planète, ou réécouter une émission manquée,
- **gérer votre compte bancaire en ligne**, effectuer des virements sans faire appel à un opérateur, imprimer un RIB, *etc.*,
- **programmer un itinéraire avant de prendre la route**, et obtenir une estimation précise du temps et du coût du trajet (et même de l'emplacement des radars en chemin !),
- **dénicher une recette de cuisine** jusqu'ici introuvable, en fonction des ingrédients que vous avez sous la main,
- **utiliser vos photos numériques** pour commander des cadeaux uniques à offrir à vos proches, toujours sans quitter votre domicile,
- **retrouver des copains** de l'époque du lycée, du collège, voire d'avant,
- **se renseigner sur un problème de santé** et dialoguer avec d'autres personnes sensibles aux mêmes sujets que vous.

Encore une fois, ce ne sont que des exemples ; il y en a plein d'autres ! Non seulement vous découvrirez dans cet ouvrage comment effectuer toutes les opérations présentées ci-dessus, mais vous apprendrez aussi à chercher vous-même des sites répondant exactement à vos besoins. Trouver une nouvelle grille de Sudoku ? Un patron de couture ? Le calendrier de semis, plantation et récolte des plantes aromatiques de votre choix ? Réserver des places de théâtre ou de concert ? Tout cela deviendra un jeu d'enfant !

Vous l'avez compris, l'Internet va révolutionner bon nombre de vos habitudes, comme il l'a déjà fait pour une bonne partie de la planète. Mais, tout d'abord, qu'est-ce que l'Internet, au juste ?

L'Internet, c'est quoi ?

Aujourd'hui, l'Internet est complètement rentré dans les mœurs, un peu comme le téléphone portable. Mais savez-vous que le concept qui est à l'origine de l'Internet est apparu il y a plus de quarante-cinq ans ? À la fin des années 1960, un réseau connecte des ordinateurs de l'université américaine UCLA. Imaginez ensuite le même principe appliqué un peu partout dans le monde, et tous les réseaux existants reliés les uns aux autres : aujourd'hui, c'est cela, l'Internet !

Le terme « Internet » désigne de manière globale le mégaréseau qui connecte les ordinateurs d'un bout à l'autre de la planète.

Notez qu'en anglais « réseau » se dit *network*, d'où le nom *Internet*, abréviation d'*internetwork*, qui signifie tout simplement « interréseau » !

Accéder à l'Internet est à la portée de tous !

Pour accéder à l'Internet, vous aurez besoin de trois choses, et je suis sûre que vous disposez déjà des deux éléments les plus importants : **un ordinateur** et **une ligne téléphonique**.

La troisième, c'est **un abonnement à l'Internet**. À ce stade, vous avez le choix entre deux possibilités : soit vous avez déjà un abonnement et souhaitez le conserver, soit vous n'avez pas encore franchi le pas ou désirez changer de formule. Nous allons voir comment procéder au chapitre qui suit.

① Un ordinateur

Pour commencer, vous devez posséder un ordinateur. Je reviendrai un peu plus loin sur la configuration idéale, sans toutefois entrer dans des détails trop techniques.

Certains accessoires vous seront fort utiles pour profiter de l'Internet de manière optimale, comme des haut-parleurs, un casque, un micro ou encore une webcam.

② Une ligne téléphonique

L'autre élément indispensable est la ligne téléphonique. En effet, pour être relié à l'Internet, il faut un canal de communication vers l'extérieur. Ce canal passe par votre ligne téléphonique, sans interférer avec vos communications… téléphoniques ! Si, comme la très grande majorité des Français, vous êtes relié au réseau téléphonique, vous pouvez passer à l'étape suivante.

③ Un abonnement à l'Internet

Pour utiliser votre téléphone portable, vous avez besoin d'un forfait de communications. Pour permettre à votre ordinateur d'accéder à l'Internet, c'est la même chose : vous devez prendre **un abonnement auprès d'un fournisseur d'accès à l'Internet**.

En ce qui concerne l'Internet, vous disposez d'un très vaste choix d'opérateurs. Vous connaissez probablement déjà Orange (anciennement Wanadoo), Free, Club Internet, qui font partie des plus populaires. Vous avez peut-être aussi entendu parler des Freebox, Livebox et AOLBox ? Nous ferons le point sur ces notions et je vous expliquerai les critères à prendre en compte pour faire le meilleur choix parmi la myriade d'offres existantes.

Quelques activités possibles sur l'Internet

Vous l'avez compris, l'Internet est un immense réseau connectant tous les ordinateurs du monde (ou du moins ceux qui souhaitent s'y relier). Nous allons maintenant découvrir, une par une, les différentes activités rendues possibles par cette connexion entre les ordinateurs du monde entier.

Visiter des sites Web

Le Web est l'ensemble des pages et des sites contenant du texte, des images, du son ou de la vidéo. On parle ainsi de **pages Web** et de **sites Web**. Le Web permet de se divertir, de trouver de l'information, mais aussi de faire des achats en ligne. Acheter, c'est d'ailleurs l'une des activités préférées des Français sur l'Internet, puisque six personnes sur dix achètent régulièrement sur le Web.

Communiquer par courrier électronique

L'Internet permet de transmettre des messages, ou **e-mails**. Nous explorerons en détail ce thème majeur.

« Chatter »

La messagerie instantanée permet à deux personnes de « discuter » en direct, par écrit, *via* leur ordinateur. C'est un peu comme l'e-mail, mais en beaucoup plus interactif.

Pratiquer la visioconférence

La visioconférence, c'est encore mieux : elle vous permet de discuter avec le son et l'image, à l'aide d'une petite caméra, appelée « webcam », branchée sur l'ordinateur !

Consulter des blogs... et créer le sien !

Les **blogs**, ces « journaux personnels » sur le Web, font un véritable tabac depuis quelques mois déjà. Vous apprendrez d'ailleurs à créer le vôtre dans cet ouvrage ! Savez-vous qu'aujourd'hui plus de 20 % de Français qui utilisent l'Internet ont un blog ?

Voir et écouter vidéo et musique

Grâce à l'Internet, vous pouvez accéder à de la musique ou à de la vidéo. Par exemple, vous pouvez écouter la radio en ligne ou regarder des bandes-annonces de films sur votre écran d'ordinateur.

Télécharger

Le téléchargement consiste tout simplement à transférer des documents (photos, logiciels, musique, *etc.*) d'un ordinateur à un autre. C'est ce qui permet, par exemple, de récupérer une photo ou une vidéo qui se trouve sur l'ordinateur d'un proche. Vous téléchargez peut-être déjà sans vous en rendre compte !

Et bien plus encore...

L'Internet a encore bien d'autres domaines d'application, comme la possibilité de voir des photographies aériennes de votre propre ville grâce au logiciel GoogleEarth.

KIT DE SURVIE

Quelques pistes pour aller plus loin

Le blog de l'auteur

Sur mon blog, vous trouverez des informations sur mes ouvrages ainsi qu'un grand nombre de bonus. Bien sûr, à la fin de ce livre, vous saurez sans problème vous rendre sur ce blog et y télécharger gratuitement tous les bonus souhaités ! Voici son adresse :

`yasminasalmandjee.blogspirit.com`

Communiquez avec l'auteur !

Toujours sur mon blog, vous trouverez mon adresse e-mail (cliquez sur le lien **Ecrivez-moi !**) et pourrez m'envoyer des messages si vous le souhaitez. N'hésitez pas à me contacter pour me donner votre avis. J'essaye toujours de tenir compte des remarques de chacun pour les ouvrages à venir !

Des ouvrages pour approfondir vos connaissances

- *Je communique par l'Internet* (dans la collection Spécial Débutants)
- *L'ordinateur et Internet au féminin*
- *Blogs pour tous*
- *Les secrets de MySpace*

POUR RÉSUMER

- L'Internet peut changer votre vie ! En France, plus de 27 millions de personnes - soit presque un Français (de 15 ans et plus) sur deux - utilisent aujourd'hui l'Internet au quotidien.
- Les deux activités les plus pratiquées et les plus appréciées aujourd'hui sont l'exploration du Web et la communication par e-mail. Le Web est l'ensemble des pages et des sites contenant du texte, des images, du son ou de la vidéo, que l'on peut trouver et explorer sur l'Internet. On parle ainsi de pages Web et de sites Web. L'e-mail, c'est le courrier électronique, qui permet d'envoyer des messages d'un ordinateur à un autre.
- Parmi les nombreuses possibilités offertes par l'Internet, citons aussi la messagerie instantanée (ou « chat »), la visioconférence, la diffusion de musique et de vidéo, ou encore le téléchargement.
- Pour profiter de l'Internet, vous aurez besoin d'un ordinateur, d'une ligne téléphonique, d'un abonnement à l'Internet... et de cet ouvrage !

L'ordinateur idéal pour l'Internet

1 Un ordinateur assez récent, tournant avec le système d'exploitation Windows XP ou Windows Vista.

2 Un écran de taille confortable (au moins 15 pouces de diagonale).

3 Un clavier en bon état de marche.

4 Une souris, de préférence optique.

5 Des haut-parleurs.

6 Une webcam, avec micro intégré.

CHAPITRE 2

Préparez votre ordinateur pour l'Internet

Pour accéder à l'Internet, vous avez d'abord besoin d'un ordinateur. Rassurez-vous : l'accès à l'Internet n'exige pas de posséder le tout dernier modèle sorti sur le marché !

Dans ce chapitre, je vous conseille sur l'équipement idéal. Même si vous possédez déjà un ordinateur et n'avez aucunement l'intention d'en changer, certains petits accessoires vous changeront la vie ! Je vous donnerai des recommandations au sujet de ces équipements, accessibles à toutes les bourses, qui amélioreront sensiblement votre confort.

Enfin, je ne pourrai faire l'impasse sur quelques premiers petits conseils concernant la sécurité, face à certaines menaces, qui sont la conséquence directe d'une connexion permanente à l'Internet.

AU MENU

Pourquoi faut-il « être prêt » pour l'Internet ?

Simplement parce que l'accès à l'Internet n'est pas et ne peut pas être « livré » avec votre ordinateur ! C'est d'ailleurs un peu la même chose avec tout ce qui relève de la « technologie » chez vous, si l'on y pense.

Voici un exemple concret : vous avez un téléphone « fixe », à la maison ? Pour commencer à l'utiliser, vous l'avez connecté à la prise téléphonique et, au besoin, branché sur la prise de courant électrique. Puis vous avez pris un abonnement auprès de France Telecom pour obtenir une ligne téléphonique.

Avec un ordinateur, c'est exactement la même chose ! Vous devez le brancher sur la prise de courant électrique, le connecter à la prise téléphonique et prendre un abonnement à l'Internet.

Cet exemple est intéressant, car, vous l'aurez remarqué, le téléphone et l'Internet passent tous deux par... votre ligne téléphonique. Nous en reparlerons.

Remarque : les abonnements à l'Internet ne sont pas soumis à un monopole comme celui de France Telecom sur le marché téléphonique. Il existe donc un grand nombre d'abonnements parmi lesquels choisir. On parlera de cela au chapitre suivant.

De quoi avez-vous besoin pour accéder à l'Internet ?

Pour accéder à l'Internet, je l'ai déjà évoqué, vous devez réunir ces trois éléments :

- **un ordinateur**,
- **une ligne téléphonique**,
- **un abonnement à l'Internet**, matérialisé par une « box », c'est-à-dire un boîtier qui permet de connecter votre ordinateur à la ligne téléphonique.

Ce chapitre n'aborde pas les caractéristiques techniques indispensables à votre ordinateur. Point de considérations sur la « RAM » ou les gigaoctets de votre disque dur !

Disons simplement que si votre ordinateur a moins de trois ou quatre ans d'ancienneté, cela devrait aller. Sinon, il est peut-être temps d'en changer ! Les ordinateurs évoluent vite et, si l'on y pense, disposer d'une connexion à l'Internet rapide, c'est bien, mais peu utile si votre ordinateur est incapable de suivre le rythme...

Parlons plutôt de ce qu'il y a autour de cet ordinateur, et qui peut être utile pour profiter au mieux de l'Internet.

Ne négligez pas les périphériques et les accessoires !

Votre ordinateur ne se limite pas à ses caractéristiques « techniques ». Plusieurs éléments, dits « périphériques », comme l'écran, le clavier et la souris, sont indispensables à l'utilisateur pour « communiquer avec l'ordinateur ». Par ailleurs, de nombreux accessoires vous apporteront un confort d'utilisation non négligeable.

Cela va de soi : ces périphériques et ces accessoires doivent être de bonne qualité, mais aussi en bon état de marche. Ce n'est pas parce qu'ils ont été fournis avec votre ordinateur qu'il ne faut jamais en changer afin de les améliorer !

Voici quelques conseils.

L'écran : pour le confort des yeux

Choisissez un écran pas trop petit ! L'Internet donne accès à une profusion de texte, d'images, de photographies, d'animations, de vidéos, et se fonde essentiellement sur des éléments visuels. Il serait donc dommage de ne pas pouvoir en profiter à cause d'un écran fonctionnant mal, de mauvaise qualité ou trop petit. Il n'y a pas de règle précise : vous ne devez pas avoir à plisser les yeux quand vous le regardez, c'est tout !

Le clavier et la souris : la maniabilité avant tout !

Utilisez un clavier et une souris faciles à manier. Sur l'Internet, il vous faudra régulièrement taper du texte et cliquer, double-cliquer ou faire glisser avec la souris. Il est donc essentiel de connaître le fonctionnement de ces deux outils (pas d'inquiétude, je vous expliquerai, dès que

nécessaire, comment trouver et taper certains caractères spécifiques à l'Internet, comme le symbole « @ », par exemple) et, surtout, de posséder un clavier et une souris qui fonctionnent bien et avec lesquels vous êtes à l'aise. Pour changer de clavier ou de souris, il suffit généralement de débrancher le clavier ou la souris d'origine et de le remplacer par le nouvel élément, et le tour est joué ! Mon conseil spécial : optez sans hésiter pour une souris optique. Ce type de souris est équipée d'un capteur optique électronique, au lieu d'une boule (prix : moins de 20 €).

On met le son ?

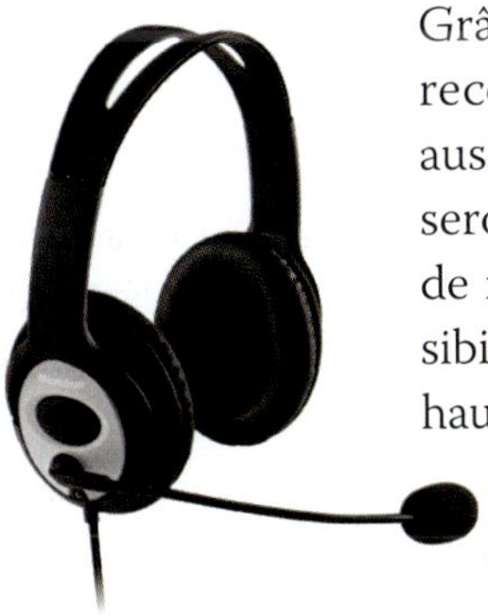

Ne laissez pas votre ordinateur muet ! Grâce à l'Internet, votre ordinateur peut recevoir et émettre des images, mais aussi du son. Certains accessoires vous seront donc fort utiles pour bénéficier de manière optimale de toutes les possibilités offertes par l'Internet. Ainsi, des haut-parleurs ou des écouteurs vous permettront d'écouter de la musique ou la radio en ligne.

Un petit micro et une webcam en option

Votre ordinateur peut aussi recevoir du son et des images de votre part. Si vous envisagez de pratiquer la téléphonie par l'Internet, procurez-vous un petit micro. Mieux encore, une webcam vous ouvrira les voies de la visioconférence. Une webcam dispose généralement d'un micro intégré et peut même servir d'appareil photo numérique d'appoint.

Et pourquoi pas une imprimante ?

L'Internet, c'est un accès à des informations et à des images en quantité illimitée ! Dans certains cas, vous souhaiterez probablement imprimer des textes ou des photographies intéressantes, ou archiver un e-mail. Choisissez une imprimante jet d'encre couleur, *a fortiori* si vous disposez d'un appareil photo numérique ou si vous souhaitez imprimer essentiellement des documents en couleur. Préférez une imprimante laser noir et blanc si vous souhaitez imprimer plutôt du texte ou des documents en noir et blanc et en grande quantité.

Premiers conseils concernant la sécurité

Je le répète, car c'est important : pour votre ordinateur, une connexion permanente à l'Internet est un peu comme une porte ouverte en permanence sur l'extérieur. Fatalement, c'est aussi une brèche d'entrée pour les virus ! Pas de panique, toutefois. Un bon logiciel antivirus vous protégera des attaques et des intrusions éventuelles. Si vous n'avez pas d'antivirus, consultez le chapitre consacré à ce sujet à la fin de cet ouvrage.

Vous devez savoir que certains virus se répandent essentiellement en profitant d'erreurs humaines. Quelques bonnes habitudes s'imposent donc dès à présent.

Commencez par éviter d'ouvrir des documents ou d'exécuter des programmes dont vous ne connaissez pas la provenance ! Cela est valable non seulement lorsque vous affichez des sites Web, mais aussi lorsque vous échangez des messages par courrier électronique.

De même, ne cliquez pas sur n'importe quel bouton, et n'installez pas de programmes dont vous ne connaissez pas la provenance, ni sans avoir lu leurs conditions d'utilisation.

Il ne vous reste plus maintenant qu'à souscrire un **abonnement** à l'Internet. Ce sujet fait l'objet du prochain chapitre.

KIT DE SURVIE

L'accès à l'Internet rapide est-il possible partout ?

Pour que vous puissiez accéder à l'Internet rapide, il faut que votre ligne téléphonique ait été légèrement modifiée techniquement par France Telecom. Cela est fait depuis longtemps dans les grandes villes, et l'Internet rapide est aujourd'hui disponible partout… ou presque : quelques zones rurales n'ont pas encore été équipées par France Telecom au début de 2007.

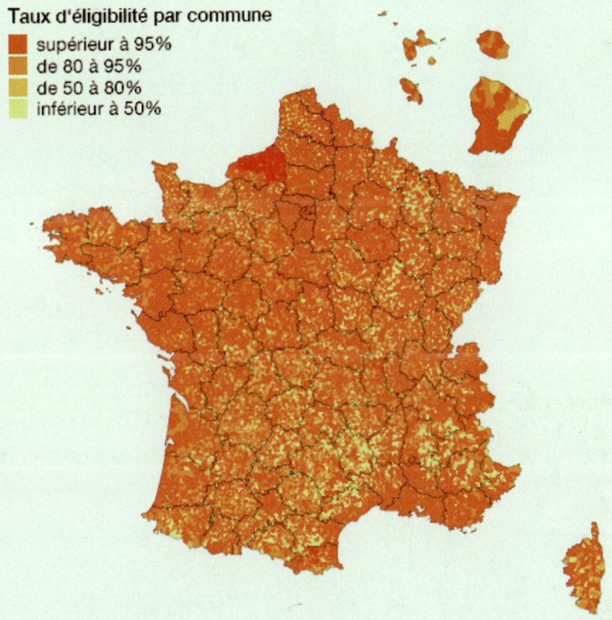

KIT DE SURVIE

Et la ligne téléphonique ?

Pour accéder à l'Internet, vous avez besoin d'une ligne téléphonique classique, celle qui vous permet de passer des communications à l'aide du téléphone. Tout le monde, ou presque, en possède une, et vous n'avez besoin de rien de plus ! C'est totalement transparent pour vous, mais cette ligne, qui transmet votre voix lorsque vous téléphonez, permet aussi d'envoyer les données depuis l'Internet vers votre ordinateur.

Ma ligne téléphonique restera-t-elle libre lorsque je serai connecté ?

Oui, totalement ! Vous pourrez continuer à utiliser la ligne normalement et rester connecté à l'Internet en même temps.

Je n'ai pas Windows Vista ou Windows XP, est-ce un problème ?

A priori, non, rien ne vous empêche d'accéder à l'Internet avec une version de Windows plus ancienne que la version Vista ou XP. Néanmoins, il est recommandé de procéder à une mise à jour si vous le pouvez. Si vous avez acheté votre ordinateur il y a moins de quatre ans, il est fort probable qu'il soit déjà équipé de Windows XP et qu'il soit configuré pour se mettre à jour automatiquement sur l'Internet. C'est une raison de plus pour vous lancer !

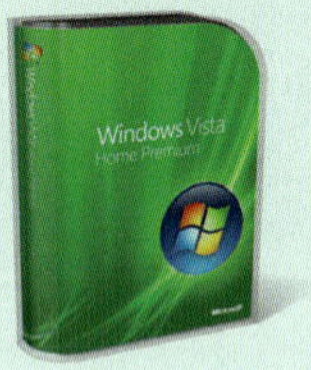

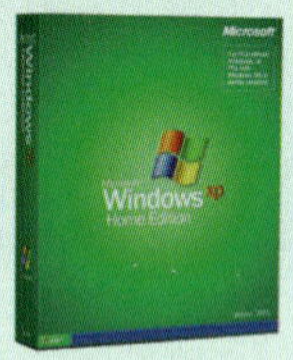

POUR RÉSUMER

- Un ordinateur et une ligne téléphonique sont l'équipement minimal dont vous devez disposer pour accéder à l'Internet. Plus votre ordinateur est récent et puissant, mieux c'est, mais un ordinateur ayant déjà quelques années vous permettra quand même d'accéder à l'Internet.
- Il est indispensable que vous ayez un écran pas trop petit pour profiter au mieux des images et des animations visibles grâce à l'Internet. De même, des enceintes vous permettront de profiter du son.
- D'autres accessoires vous seront utiles pour profiter au mieux de l'Internet. Les souris, par exemple, ont bien changé depuis leur invention : une souris optique (sans boule) est idéale pour son confort d'utilisation.
- Prévoyez l'acquisition d'une webcam si vous souhaitez faire de la visioconférence.
- En matière de sécurité, les virus sont des menaces à prendre au sérieux et vous devez avant tout adopter une attitude prudente. Ne cliquez pas n'importe où, n'importe comment !

Posez-vous les bonnes questions avant de choisir un abonnement

1. Quel tarif promotionnel ?
2. Quel tarif hors promotion ?
3. Des frais de mise en service ?
4. Quelle durée d'engagement ?
5. Quels frais de résiliation ?
6. Combien coûte l'accès téléphonique au service client ?
7. Y a-t-il des extras offerts : antispam, portail réservé aux abonnés, *etc.* ?
8. Combien coûte la « box » ? Achat ou location ?
9. L'accès à la téléphonie illimitée est-il offert ?
10. L'abonnement donne-t-il aussi accès à des chaînes de télévision ? À la VOD (vidéo à la demande) ?

CHAPITRE 3

Abonnez-vous à l'Internet

S'abonner est un passage obligé pour accéder à l'Internet à la maison. Pour comprendre le rôle d'un abonnement à l'Internet, prenons l'exemple d'une autre avancée technologique totalement entrée dans les mœurs : le téléphone portable. Acheter un appareil téléphonique, c'est bien, mais vous savez que, sans le fameux « forfait », à souscrire parmi les dizaines offerts par les opérateurs du marché, il vous sera peu utile !

Avec l'Internet, c'est la même chose : il faut faire appel à un *fournisseur d'accès à l'Internet*, aussi appelé FAI. Orange, Free, Club Internet ou encore Neuf Telecom font partie des plus connus. En souscrivant un abonnement à l'Internet, vous recevrez du matériel et des câbles nécessaires pour vous connecter, et en particulier un boîtier permettant de relier votre ordinateur à la prise téléphonique : c'est ce qu'on appelle une « box », comme dans « Freebox » ou « Livebox ».

AU MENU

- **Décryptez les termes et les chiffres d'une offre d'abonnement**
- **Comment choisir le bon abonnement ?**
- **Décelez les frais cachés dans les offres d'abonnement**
- **Souscrivez une offre d'abonnement en ligne ou par téléphone**
- **Installez votre connexion Internet**
- **Connectez-vous !**

Comment choisir parmi les offres d'abonnement à l'Internet ?

Il existe de très nombreuses offres d'abonnement à l'Internet. Plus d'une dizaine de fournisseurs d'accès se partagent les faveurs du marché. Eux-mêmes proposent parfois plusieurs forfaits et ensembles de services différents. Nous allons tâcher d'y voir plus clair dans ce véritable labyrinthe de chiffres et de termes – sans pour autant tomber dans des explications trop techniques, rassurez-vous !

Tout d'abord, vous devez savoir qu'un abonnement à l'Internet est principalement caractérisé par deux aspects : les *services fournis* et le *tarif de l'abonnement.*

Remarque : il y a quelques mois, je vous aurais encore parlé d'un autre critère : le ***débit****, c'est-à-dire la rapidité de la connexion. Aujourd'hui, presque tous les abonnements offrent des débits très élevés et comparables, la question ne se pose donc plus !*

Figure 3-1 Quelques exemples d'offres d'abonnement

Freebox, Livebox, AOLBox, DartyBox : vive les « box » !

Sous les noms Freebox, Livebox, AOLBox se cachent tout simplement les boîtiers de connexion remis par les fournisseurs d'accès à l'Internet au moment de l'abonnement. En plus de leur capacité à relier votre ordinateur à l'Internet, ils centralisent un nombre important d'autres outils.

Free a été le précurseur en la matière, avec la célèbre Freebox. Orange a suivi avec la Livebox, puis tout le monde s'y est mis : AOL, Cegetel, Club Internet, Neuf-Telecom et même Darty ont désormais aussi la leur, chacune avec son petit nom se terminant généralement par *box*, soit « boîte » en français.

Mais attention ! En plus de la connexion à l'Internet, les box offrent des services bien différents d'un FAI à un autre… C'est d'ailleurs devenu un critère de choix essentiel lorsqu'il s'agit de prendre un abonnement.

Les services offerts par les box

Il y en a, en effet, des choses « dans la boîte » ! En plus de la connexion à l'Internet, les box fournissent de nombreux services. Voici les plus répandus.

- **Téléphonie.** Les box servent de boîtier téléphonique et vous permettent de passer gratuitement un nombre d'appels illimité à l'aide de

votre simple téléphone, en France et parfois même vers l'étranger.

- **Télévision.** La plupart des box se branchent sur la télévision pour donner accès à de nouvelles chaînes TV ou radio, ainsi qu'à des services de « vidéo à la demande ». Certaines box se substituent à votre décodeur Canal+ ou à votre parabole CanalSat ou TPS pour vous donner accès à la chaîne cryptée ou à celles du satellite ! D'autres sont équipées d'un tuner TNT ou d'une prise « HDMI » pour la télévision du futur. Enfin, les box les plus performantes permettent d'enregistrer la télévision de manière numérique, sur un disque dur, un peu comme avec un ordinateur ! Une révolution : finie la programmation fastidieuse du magnétoscope ou du graveur de DVD.

- **Wifi ou Internet sans fil.** Dernier atout majeur des box : elles sont toutes compatibles avec le *Wifi*. Vous en avez probablement déjà entendu parler : le Wifi permet de se connecter à l'Internet sans fil, par les ondes. C'est très intéressant, surtout si vous utilisez un ordinateur portable : imaginez la possibilité d'utiliser l'Internet partout dans votre maison, sans être relié à aucun câble ! Même si vous utilisez un ordinateur de bureau, vous pouvez brancher votre box sur votre télévision dans votre salon et profiter de l'Internet dans une autre pièce, toujours grâce au Wifi.

- **Bonus.** Souvent offerts avec les abonnements à l'Internet : des adresses e-mail gratuites (un nombre défini ou illimité), un espace Web pour héberger votre site perso, un anti-virus gratuit, des services sur le Web réservés aux abonnés, un logiciel de contrôle parental, une assistance gratuite, *etc.*

Les box sont donc de véritables « centres de communication » donnant accès à toutes sortes de fonctionnalités, mais attention : certaines sont gratuites, d'autres non...

Le tarif d'un abonnement à l'Internet

Cet élément est fondamental, puisqu'un abonnement à l'Internet est une charge non négligeable à ajouter au budget mensuel de votre foyer. Par ailleurs, si le tarif moyen se situe entre 25 € et 35 €, entre les frais en sus imposés par certains fournisseurs (pour louer la box, par exemple), et tous les extras offerts « sans supplément » par d'autres, on peut constater de grandes disparités de services pour un même montant.

Attention donc à ne pas se laisser aveugler par un prix de départ de l'abonnement particulièrement alléchant ! Les « frais cachés » et autres pièges à éviter sont en effet nombreux. Ils sont généralement indiqués dans les « conditions générales » auxquelles est soumise l'offre, signalées par un discret astérisque près du prix...

Voici un florilège des frais cachés imposés par divers fournisseurs d'accès du marché :

- le « vrai » prix du forfait (jusqu'à 30 fois plus élevé, dans le cas d'une offre à 1 € par mois, par exemple) après la promotion de départ, qui ne concerne que les premiers mois d'abonnement,
- des frais de « mise en service » ou d'« installation » pouvant dépasser 70 €,
- le prix de la location ou même de l'achat de la box (qui ne vous servira pourtant jamais à autre chose), non inclus dans le tarif,
- des frais pour changer de « box » lorsqu'une nouvelle version, plus

puissante, est disponible et donne accès à de nouveaux services (ils sont parfois dégressifs selon l'ancienneté de votre abonnement),

- l'engagement à vous abonner pour une longue durée : 12, voire 24 mois,
- lorsqu'il n'y a « aucun engagement », des frais de résiliation exorbitants (jusqu'à 100 €) et imposés même en cas de déménagement,
- un service client joignable uniquement par un numéro surfacturé, sachant que l'attente et l'appel peuvent dépasser la demi-heure en cas de problème (à noter : certains FAI se sont désormais engagés à ne pas facturer la durée d'attente pour joindre le service client).

Il faut donc bien décrypter les offres des fournisseurs d'accès avant de s'engager ! Lisez attentivement les conditions d'inscription. Notez toutefois que certaines promotions ponctuelles peuvent en valoir la peine.

Et si votre abonnement à l'Internet vous faisait faire des économies ?

Ceci n'est pas de la publicité mensongère pour l'Internet et les « box » ! En effet, bien que le prix d'un abonnement à l'Internet tourne autour de 30 € par mois, d'un autre côté, vous allez faire des économies (selon la formule choisie) sur plusieurs autres postes budgétaires.

- **Votre abonnement téléphonique.** Comme cela a été évoqué, presque toutes les box donnent aujourd'hui accès à la téléphonie illimitée, pour les appels en France, voire à l'étranger.

Mais ce n'est pas tout ! Avec certaines box, vous avez la possibilité de résilier votre abonnement France Telecom pour utiliser les services de téléphonie de votre fournisseur d'accès à l'Internet, à condition d'être situé dans une zone dite de « **dégroupage** », c'est-à-dire déjà équipée par votre fournisseur d'accès à l'Internet pour la téléphonie (ce qui n'est pas le cas partout à l'heure actuelle, comme le montre la carte ci-dessous). Cela peut représenter une économie financière non négligeable.

france telecom

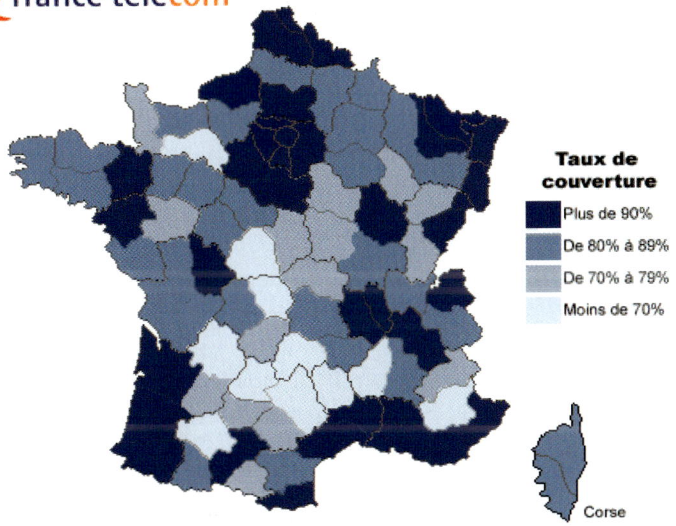

Soyez toutefois prudent : France Telecom impose certaines pénalités financières si votre abonnement téléphonique est résilié moins d'un an avant son ouverture (attention donc en cas de déménagement !).

Par ailleurs, les appels vers certains numéros spéciaux (ceux commençant par 0 800 ou les numéros courts à quatre chiffres, par exemple) ne sont pas systématiquement facturés de la même manière par France Telecom et par votre nouvel opérateur. Attention donc aux surprises au moment de la facture !

- **Votre abonnement câble/satellite/*etc.*** Les box donnent accès à des chaînes de télévision gratuites (et à des bouquets payants, aussi). Vous pourrez très bien trouver votre bonheur parmi toutes les chaînes proposées gratuitement et ainsi suspendre votre abonnement aux chaînes du câble ou du satellite. Cerise sur le gâteau : adieu, la parabole !

- **Votre abonnement au vidéoclub.** Enfin, les box donnent accès à la « vidéo à la demande ». Les tarifs sont similaires à ceux des vidéoclubs (le sourire et le conseil en moins !), mais restent inférieurs au prix d'achat d'un DVD que vous ne regarderez qu'une fois.

Votre liste récapitulative pour bien choisir

Vous connaissez désormais tous les aspects à considérer avant de choisir votre abonnement à l'Internet. Pour faciliter votre analyse, voici une fiche à remplir qui vous permettra de vérifier tous les points importants avant de faire définitivement votre choix.

L'offre

- Nom du fournisseur d'accès à l'Internet et/ou de la box :

  ____

- Tarif : _______ €/mois

- Durée d'engagement :
  ☐ Aucune ☐ 6 mois ☐ 12 mois
  ☐ Plus de 12 mois

Le tarif

- Ce tarif est-il une promotion ?
  ☐ Oui ☐ Non

- Si oui, le tarif après promotion :
  _______ €/mois

La mise en service et l'installation

- Y a-t-il des frais de mise en service ?
  ☐ Oui ☐ Non

- Si oui, quels sont-ils ? _______ €

- Y a-t-il des frais d'installation ?
  ☐ Oui ☐ Non

- Si oui, quels sont-ils ? _______ €

- Cet abonnement à l'Internet donne-t-il la possibilité de résilier l'abonnement à France Telecom ?
  ☐ Oui ☐ Non

La box

- Le prêt de la box est-il inclus gratuitement dans l'offre ?
  ☐ Oui ☐ Non

- Sinon, quelles sont les conditions proposées ?

  ☐ En location
  Tarif : _______ €/mois

  ☐ À l'achat
  Tarif : _______ €

- Faudra-t-il payer un supplément pour obtenir les nouvelles versions de la box ?
  ☐ Oui ☐ Non

- Si oui, le montant de ce supplément est-il indiqué ? _______ €

Les extras

- Quels sont les extras et leur coût ?

☐ Téléphonie illimitée / appels en France
Tarif : _______ €/mois

☐ Téléphonie illimitée / appels à l'étranger
Tarif : _______ €/mois

☐ Accès à des chaînes de télévision supplémentaires
Tarif : _______ €/mois

☐ Accès à Canal+
Tarif : _______ €/mois

☐ Accès à un bouquet satellite (CanalSat ou TPS)
Tarif : _______ €/mois

☐ Cadeau offert avec l'abonnement
____

☐ Autres : _______________________
____

Les économies

- Quels seront les économies réalisables grâce à l'abonnement et leur montant ?

☐ Téléphonie illimitée / appels en France
Budget habituel : _______ €/mois

☐ Téléphonie illimitée / appels à l'étranger
Budget habituel : _______ €/mois

☐ Résiliation de votre abonnement France Telecom
Budget habituel : _______ €/mois

☐ Accès à des chaînes de télévision supplémentaires
Budget habituel : _______ €/mois

☐ Accès à la vidéo à la demande
Budget habituel : _______ €/mois

☐ Autres : _______________________
____

Budget habituel : _______ €/mois

À ne pas oublier

- Peut-on joindre le service client par e-mail ?
  □ Oui □ Non
- Peut-on joindre le service client par téléphone ?
  □ Oui □ Non
  Tarif : _______ €/minute
- L'attente téléphonique est-elle facturée au même titre que l'assistance ?
  □ Oui □ Non, elle est gratuite
- Y a-t-il des frais de résiliation ?
  □ Oui □ Non
- Si oui, quels sont-ils ? _______ €
- Y a-t-il des frais en cas de déménagement ?
  □ Oui □ Non
- Si oui, quels sont-ils ? _______ €

Le budget total de mon abonnement

Additionnez le prix de l'abonnement (hors promotion), les différents frais à prévoir et les extras envisagés.

Retranchez le total des économies réalisables grâce à l'abonnement.

Budget total : _______ €/mois

Abonnez-vous à l'Internet

Si vous avez accès à une connexion à l'Internet (chez un proche ou au travail, par exemple) et savez déjà comment accéder à un site Web (vous pouvez vous faire aider !), je vous conseille de vous rendre sur le site du fournisseur d'accès que vous avez choisi. C'est là que vous aurez l'aperçu le plus complet sur les offres disponibles et leurs modalités.

Sinon, vous pouvez toujours vous abonner par téléphone (laissez-vous simplement guider par l'opérateur).

Dans les deux cas, vous devrez fournir vos coordonnées personnelles et choisir un moyen de paiement. Vous recevrez ensuite, par courrier, votre *kit de connexion*.

Tableau 3-1 Sites Web des principaux fournisseurs d'accès à l'Internet.

Orange	`http://www.orange.fr`	1014
Free	`http://www.free.fr`	3244
Cegetel	`http://www.cegetel.fr`	0 805 777 999
Club Internet	`http://www.club-internet.fr`	3204
Neuf Telecom	`http://www.neuf.fr`	1099
Alice	`http://www.aliceInternet.fr`	1033
Darty	`http://www.dartybox.com`	3234
AOL	`http://www.aol.fr`	0 805 025 555

Remarque : ces adresses et ces numéros peuvent changer à tout moment.

Installez votre box

Le facteur est passé ? Déballez sans plus attendre votre kit de connexion ! En principe, il est composé de la box, de câbles, d'un CD-ROM et d'une notice explicative, avec des schémas de branchement détaillés. Pour l'installer, rien de plus simple : suivez les explications et n'hésitez pas, si vous ne parvenez pas à vous connecter, à contacter un conseiller par téléphone (le numéro du service d'assistance doit figurer dans les papiers reçus). Dans l'exemple, nous allons voir le processus d'installation de la DartyBox.

Suivez pas à pas les instructions et commencez par installer le logiciel.

1 Insérez le CD-ROM dans le lecteur de votre ordinateur. Le programme d'installation va normalement se lancer automatiquement. Laissez-vous guider.

2 Continuez en cliquant sur **Suivant**, chaque fois que c'est nécessaire, jusqu'à ce qu'il vous soit demandé d'effectuer le branchement de la box sur la prise électrique. Encore une fois,

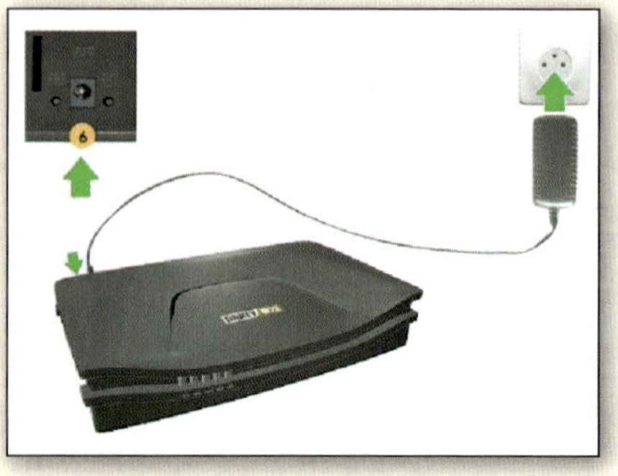

pas de panique : il suffit de suivre les instructions du manuel. Des photos

vous guident pour effectuer la manipulation.

3 Cliquez ensuite sur **Suivant** pour continuer l'installation.

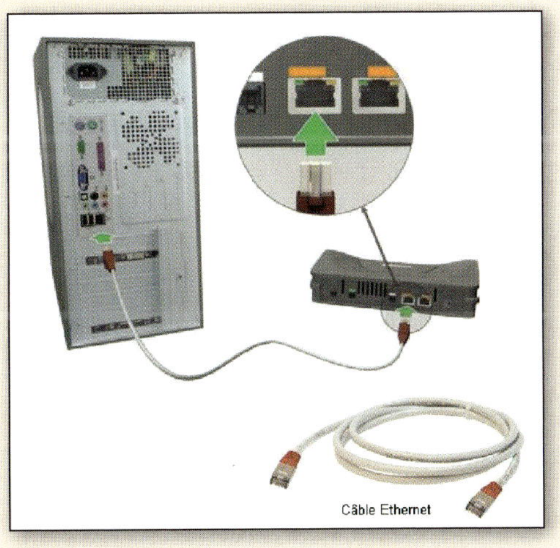

4 Le branchement suivant consiste à relier la box à votre ordinateur, à l'aide d'un câble spécial, appelé **câble Ethernet**, qui doit être connecté d'un côté à la box et de l'autre à l'ordinateur.

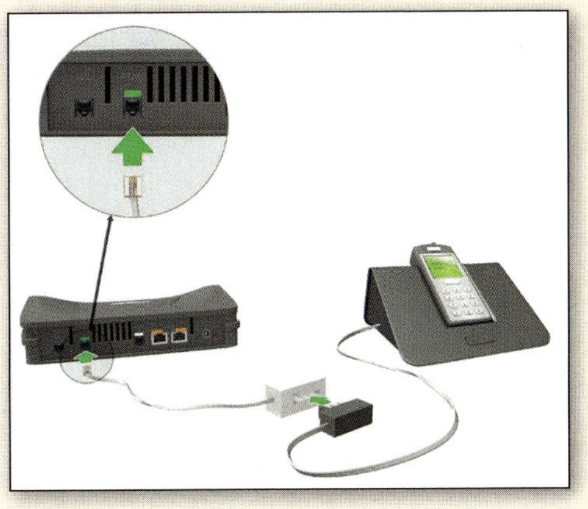

5 Reliez ensuite la box à votre téléphone filaire, comme indiqué sur le schéma qui figure dans votre manuel d'installation, et à l'aide de l'adaptateur fourni dans votre kit de connexion.

6 L'étape suivante consiste à brancher la box sur votre prise téléphonique. Suivez bien les schémas. Utilisez bien le « câble Internet » et le

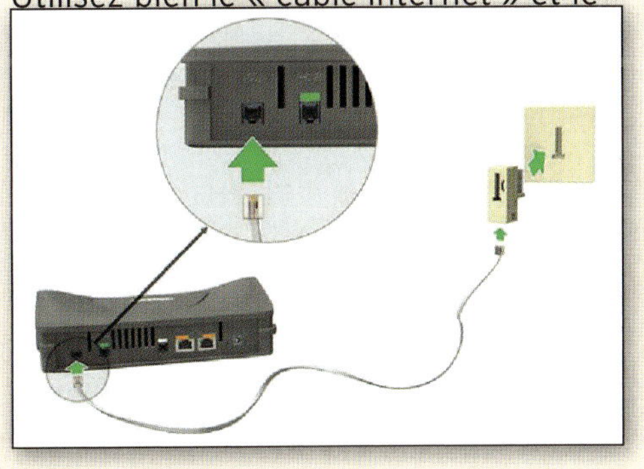

« filtre Internet » (une prise gigogne, à

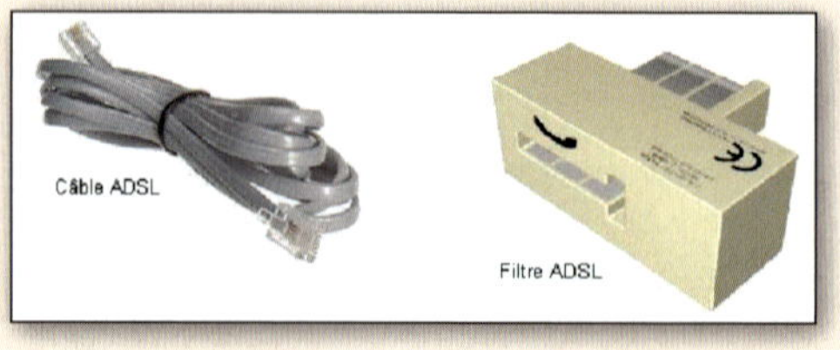

intercaler entre le câble de la box et la prise téléphonique) afin de pouvoir continuer à utiliser votre ligne

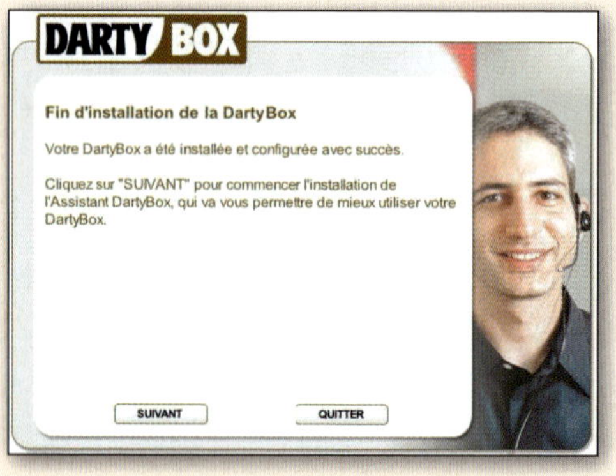

téléphonique. Ils sont tous les deux fournis avec votre kit de connexion.

7 Le logiciel et la box ont été installés avec succès ! Cliquez sur

Quitter.

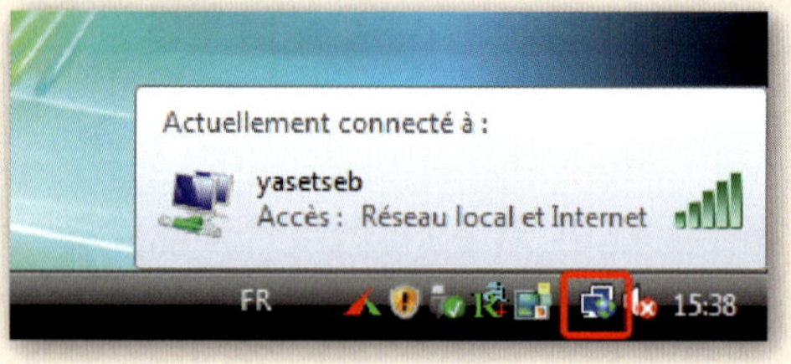

8 Les voyants montrant que la DartyBox est connectée doivent désormais clignoter. Vous êtes bel et bien connecté à l'Internet !

KIT DE SURVIE

9 Une fois que la DartyBox est connectée, l'icône **Connexion à Internet** apparaît dans la barre des tâches de Windows. Tant que cette icône est visible dans la barre des tâches, c'est que vous êtes connecté à l'Internet.

Comment vérifier immédiatement que votre connexion à l'Internet fonctionne ?

Le plus simple est d'essayer d'accéder au Web. Qu'est-ce ? Comment faire ? Cela tombe bien, c'est l'objet du chapitre suivant.

Que signife « ADSL » ?

« ADSL » est un terme que vous avez probablement entendu dans des publicités à la télévision ou à la radio. L'ADSL est tout simplement le moyen le plus simple et le plus efficace d'accéder à l'Internet aujourd'hui. ADSL signifie *Asymetrical Digital Subscriber Line*. Derrière ce sigle un peu barbare se cache, tout simplement, la technologie qui permet de **transmettre des données informatiques à haute vitesse, *via* une simple ligne téléphonique**.

Pourquoi ma ligne téléphonique ne fonctionne-t-elle pas correctement après l'installation de la connexion à l'Internet ?

Vous avez peut-être tout simplement oublié d'installer le filtre (prise téléphonique gigogne) fourni avec votre box.

POUR RÉSUMER

Il est indispensable pour séparer les fréquences utilisées pour la voix de celles utilisées pour les données de l'Internet.

✪ Dois-je me déconnecter ou puis-je rester connecté en permanence ?

Avec les box, votre connexion est illimitée. Vous pouvez rester connecté 24 heures sur 24 et 7 jours sur 7.

✪ J'ai déjà un abonnement à l'Internet. Puis-je en changer ?

Bien sûr, à condition de respecter les conditions d'engagement de votre premier abonnement (ou d'accepter les pénalités éventuelles). Vous devez impérativement résilier le premier abonnement pour pouvoir utiliser le deuxième : une même ligne téléphonique ne peut supporter deux abonnements à l'Internet différents.

Bienvenue dans Internet Explorer et Google

Fenêtre d'Internet Explorer

1 Zone d'affichage principale

2 Barre de titre

3 Barre d'adresse

4 Contrôles de la fenêtre : réduire, agrandir, fermer la fenêtre

5 Page précédente

6 Page suivante

7 Actualiser

8 Arrêter

9 Page de démarrage

10 Barre de défilement

11 Barre d'état

Éléments de Google

1 Logo d'accueil

2 Zone de requête

3 Bouton pour lancer la recherche

4 Accès aux autres types de recherche Google

5 Options de restriction de la recherche au français ou aux pages France

6 Outils complémentaires offerts par Google

7 Liens sur Google, l'entreprise

Chapitre 4

En route pour le Web !

Vous êtes à présent connecté à l'Internet… Qu'allez-vous y faire ? Une des premières possibilités qui s'offrent à vous est de partir à la découverte du Web. Comme nous l'avons déjà vu, le Web est l'ensemble des pages et des sites, débordant d'informations, que l'Internet met à la portée de votre ordinateur. Le Web est si dense et il est si facile de s'y promener (mais aussi de s'y perdre !) qu'on parle souvent de *navigation*. C'est donc tout naturellement que vous allez faire appel à un programme spécifique appelé *navigateur* pour parcourir le Web.

Vous allez, par la même occasion, faire la connaissance d'un des sites les plus visités dans le monde, Google (prononcez « *gou-gueul* »), dont la principale fonction est de permettre la recherche d'autres sites sur le Web. C'est ce qu'on appelle un *moteur de recherche*. À la fin de ce chapitre, vous trouverez aussi des adresses de sites qu'il me semble intéressant de connaître, et que je vous invite à découvrir par vous-même.

Au menu

- **Pourquoi vous devez vous mettre au Web dès aujourd'hui !**
- **Comment accéder au Web ?**
- **Découvrez Internet Explorer**
- **Affichez une page Web**
- **Décodez une adresse Web**
- **Votre première requête avec Google**

Ce qui va changer pour vous grâce au Web

Avant même d'aborder la navigation sur le Web, parlons un peu de ce qu'est le Web !

Tout d'abord, je tiens à vous rassurer : le Web peut et va tout changer dans votre quotidien, mais ça n'est pas pour autant un ensemble de choses complètement nouvelles et venues d'ailleurs. Vous allez vite le constater, le Web offre simplement des alternatives, des moyens différents, de faire tout ce que vous faisiez déjà avant, mais d'une autre manière !

Quelques exemples de ce que vous pouvez faire grâce au Web :

- trouver un numéro de téléphone (au lieu de faire appel aux renseignements téléphoniques surtaxés !),

- consulter le programme télé de votre soirée (si vous avez oublié d'acheter votre magazine habituel),
- vous renseigner sur les films et trouver les horaires de votre prochaine séance cinéma (tout ça en quelques clics et gratuitement),
- télécharger un formulaire et gagner du temps dans le cadre de formalités administratives (un formulaire obtenu sans attente, en une seconde ? Cela se passe de commentaire !),
- calculer vos itinéraires avant de prendre la route (dans toute la France et même en Europe, sans GPS),
- écouter la radio en ligne (que vous ayez manqué votre émission favorite ou que vous souhaitiez accéder à une radio à l'autre bout du monde),
- acheter vos billets de train au meilleur prix et les recevoir à domicile sans bouger de chez vous,
- consulter votre compte bancaire en ligne et effectuer des opérations courantes sans vous rendre au guichet,

- apprendre et partager votre savoir grâce aux sites de questions-réponses et aux encyclopédies en ligne (sans qu'un seul arbre ait été utilisé pour le papier !),
- vous renseigner sur tout ce qui touche à la santé, ou à un autre sujet, et même dialoguer (en tout anonymat si vous le souhaitez) avec d'autres personnes sur les thèmes qui vous passionnent.

Toutes ces opportunités seront expliquées en détail au chapitre suivant. Auparavant, nous devons nous atteler à la méthode pour accéder à ce monde de possibilités.

Accédez au Web

Une fois connecté à l'Internet, accéder au Web est tout ce qu'il y a de plus simple !

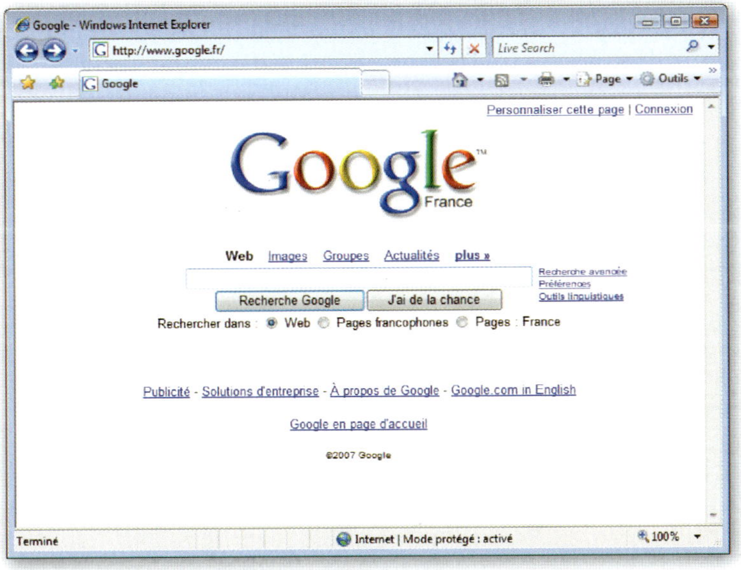

Comme toujours, sur un ordinateur, il faut utiliser le bon « programme » ou « logiciel ». Pour l'exploration du Web, si vous utilisez Windows, vous pourrez faire appel à **Internet Explorer**.

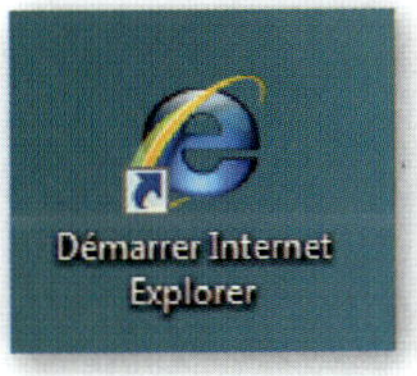

Comme son nom l'indique, ce programme permet d'explorer l'Internet, et plus précisément le Web (qui n'est qu'une des facettes de l'Internet, vous l'avez compris !). Voici donc une remarque tout à fait personnelle : Internet Explorer porte un peu mal son nom, puisqu'on devrait l'appeler Web Explorer, mais passons !

Le principe est simple : il suffit de démarrer Internet Explorer, et de lui dire « où aller ». Autrement dit, il faut lui indiquer l'adresse du site Web que vous souhaitez visiter. Un peu comme lorsque vous composez un numéro d'appel après avoir décroché votre téléphone !

KIT DE SURVIE

Les mots du Web

Faisons le point, avant de continuer, sur quelques termes probablement déjà parvenus à vos oreilles : « navigation », « lien », « surfer », « navigateur », « internaute »... Vous serez bientôt incollable sur ce jargon !

- **Site Web et liens**

Un site Web est un ensemble de pages contenant du texte, des images, des photos et, parfois, de la vidéo ou du son. Pour passer d'une page Web à une autre, au sein du même site ou sur un autre site, il suffit de cliquer avec la souris sur des passages de texte ou des images spécifiques. Ces éléments spéciaux sont appelés *liens hypertexte* ou, tout simplement, *liens*. Nous allons revenir sur ce qu'est un lien de manière concrète d'ici peu.

- **Naviguer, surfer**

Naviguer consiste à « se promener » sur le Web, c'est-à-dire à passer de lien en lien et de site en site. On dit aussi parfois, dans le langage courant, « surfer sur le Web » ou « surfer sur l'Internet ».

- **Navigateur Web**

Comme je l'ai expliqué précédemment, Internet Explorer est un programme utilisé pour accéder aux sites Web et naviguer. En fait, il en existe d'autres et on désigne ces programmes sont le nom de « *navigateurs Web* ». Surnommé souvent « I.E. », Internet Explorer est le navigateur installé automatiquement avec Windows (et, vous l'aurez deviné, conçu par la société Microsoft). À l'heure actuelle il est le plus utilisé, loin devant ses concurrents : 85 % des internautes français l'emploient. Vous devez savoir qu'il existe d'autres navigateurs, comme Mozilla Firefox ou Safari.

- **Internaute**

Un *internaute*, c'est tout simplement un usager de l'Internet.

KIT DE SURVIE

Maintenant que vous savez ce que cela signifie, prêt(e) à devenir un(e) internaute vous-même ? C'est parti !

Pour surfer sur le Web, quel que soit le navigateur utilisé, le principe est toujours : afficher une page Web, cliquer sur un lien pour accéder à une nouvelle page, revenir en arrière, choisir une « page de démarrage », *etc.* Nous allons voir immédiatement comment faire tout cela avec Internet Explorer, en visitant un site en particulier. Nous en profiterons pour faire la connaissance de ce qui deviendra votre meilleur allié pour vous repérer dans la jungle qu'est le Web : Google.

Découvrez Google

Je l'ai déjà mentionné plusieurs fois : il existe des millions de sites Web, sur tous les sujets imaginables et dans toutes les langues… Heureusement, il est possible de trouver tout ce dont on a besoin sur le Web. Et la réponse à ce besoin est elle-même un site Web ! Ce type de site est un moteur de recherche et Google est la référence en la matière. Comme j'aime les comparaisons, surtout avec la téléphonie, on pourrait dire que Google est au Web ce que le service des renseignements est au téléphone.

Un moteur de recherche, c'est quoi ?

Un *moteur de recherche* est tout simplement un site Web spécialisé dans la recherche d'autres sites Web. Le principe est simple : vous saisissez une ***requête***, et le moteur part à la recherche, sur le Web, des sites correspondant à cette requête (nous allons revenir sur les requêtes un peu plus loin dans ce chapitre). Une liste de tous les sites Web trouvés est alors affichée. Il vous suffit de cliquer sur le nom d'un site pour y accéder. Un moteur de recherche permet de trouver des sites, mais aussi des images, par exemple.

Google, la référence des moteurs de recherche

Il existe de nombreux moteurs de recherche. Néanmoins, l'un d'eux se démarque par sa simplicité d'utilisation et son efficacité : le célèbre **Google**.

Il est aujourd'hui utilisé dans plus de 100 pays et pour près de 60 % des recherches Web effectuées dans le monde. Une dizaine d'autres sites se partagent le reste des recherches. Parmi les autres moteurs de recherche très utilisés, il y a par exemple Windows Live et Yahoo!.

Nous allons désormais voir comment accéder à Google – qui est avant tout, je le rappelle, un simple site Web –, à l'aide d'Internet Explorer.

PAS À PAS

Affichez la page d'accueil de Google dans Internet Explorer

Il est temps de passer à l'action avec Internet Explorer. Rappelons ici que la principale fonction de ce programme est d'afficher des pages Web et de permettre la navigation de lien en lien. Il va donc devenir un outil fondamental pour votre exploration du Web.

Afficher une page Web consiste simplement à saisir son *adresse* dans Internet Explorer et à valider. Parfois, une page peut mettre quelques secondes à apparaître. Chaque page a sa propre adresse et la première page d'un site est généralement appelée *page d'accueil*. Nous allons revenir sur la notion d'adresse d'une page Web d'ici peu. Vous allez à présent découvrir votre première page Web : la page d'accueil du site français de Google (Google a en effet été traduit dans de nombreuses autres langues).

1 Pour pouvoir afficher une page Web, votre ordinateur doit être connecté à l'Internet, cela va de soi. Si vous n'êtes pas connecté, cliquez sur **Connexion à Internet** (ce nom peut être légèrement différent chez vous) sur votre Bureau. Vous devez voir l'icône **Connexion à Internet** () dans la barre des tâches Windows, qui montre que vous êtes bien connecté à l'Internet.

2 Lancez le programme Internet Explorer. C'est très simple : il suffit de double-cliquer sur l'icône **Internet Explorer** sur le Bureau.

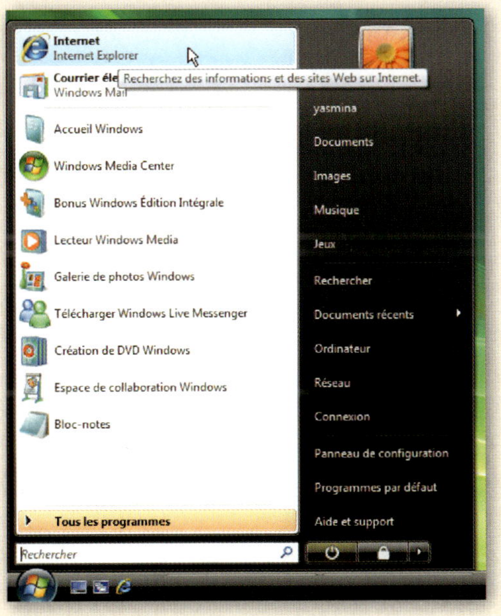

3 Internet Explorer se lance. Cliquez dans la zone située à droite du mot **Adresse**, appelée *barre d'adresse*, et saisissez exactement les caractères composant l'adresse Web du site choisi pour notre exemple, le site Web de Google :
www.google.fr

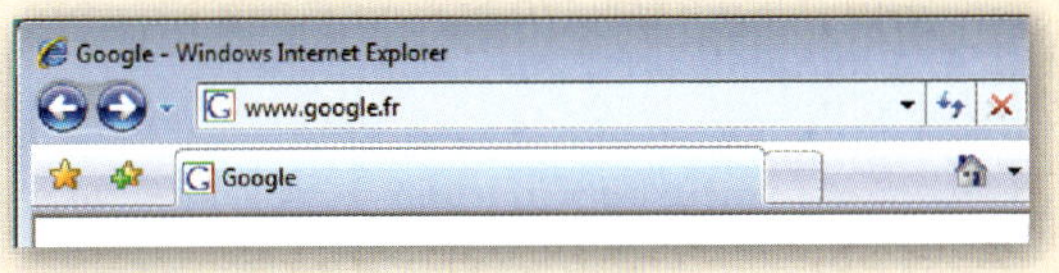

Pour l'instant, tapez simplement ces caractères, y compris les points, tels quels, sans aucun espace. Ils constituent **l'adresse de la page d'accueil du site Web français de Google**. Un peu de patience : vous trouverez des explications sur la structure et la signification d'une adresse Web à la section qui suit !

4 Appuyez sur **Entrée** pour valider l'adresse saisie. Voilà une astuce qui vous fera gagner du temps ! Inutile en effet de cliquer sur le bouton **OK** à droite de la barre d'adresse : vous pouvez appuyer directement sur **Entrée** pour accéder au site.

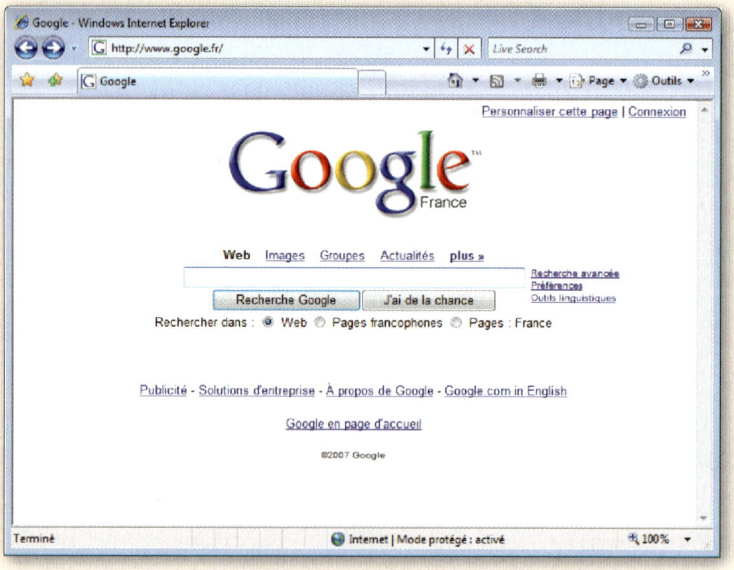

5 La page Web apparaît dans la zone d'affichage principale d'Internet Explorer. Et voilà ! Vous êtes sur le site de Google, et plus précisément sur **la page d'accueil** du site français.

Remarque : une des caractéristiques des sites Web est de changer souvent d'apparence. Or, Google est une exception à la règle : son aspect fondamental change rarement, à part pour une occasion spéciale, comme à Noël ou pour l'ouverture des jeux Olympiques, où apparaît un logo Google original.

Nous allons bientôt voir ce que vous pouvez y faire, mais avant, quelques petites explications s'imposent : à quoi correspond donc cette série de caractères que vous venez de saisir, « www.google.fr » ?

KIT DE SURVIE

Décodez une adresse Web

Vous venez d'afficher une page Web. Comme je vous l'ai indiqué, les caractères saisis dans la barre d'adresse d'Internet Explorer constituent l'*adresse Web* de la page d'accueil du site de Google. On appelle aussi cette adresse *URL* (prononcez chaque lettre, U-R-L, à la française !). Notez que lorsqu'on parle de « l'adresse d'un site Web », on désigne tout simplement l'adresse de la page d'accueil de ce site.

Une adresse Web est composée de trois parties, ou « mots », séparées par des points. Par exemple, dans l'adresse de la page d'accueil de Google, il s'agit de `www`, `google` et `fr`. Voici à quoi correspondent ces trois parties.

www.google.fr

1 2 3

1 Préfixe (www)

Ce préfixe vient des origines du Web, qu'on désignait déjà par le terme anglais *World Wide Web*. Les trois « w » indiquent simplement que le site appartient au World Wide Web. C'est donc en toute logique que la plupart des adresses Web commencent par ces trois lettres !

Ce n'est toutefois pas une règle absolue. L'adresse de certains sites commence par d'autres lettres, comme `television.telerama.fr` ou `images.google.fr`. Ce type d'adresse désigne généralement un site à l'intérieur d'un site. Par exemple, `images.google.fr` est le mini-site consacré à la recherche d'images au sein du site `www.google.fr`.

Pour terminer, sachez qu'on omet parfois de citer les trois « w » lorsqu'on donne une adresse de site Web oralement. On dira, par exemple, « le site google.fr » ou « allez sur europe1.fr ».

2 Deuxième partie (nom)

C'est la partie la plus importante de l'adresse. En général, pour les sites commerciaux, comme pour une association ou une organisation, on retrouve ici le nom de l'entreprise, de la marque, de l'enseigne, du groupe, *etc.* Ce mot peut aussi être le nom d'une personne ou même d'un concept. En fait, toute combinaison de caractères (lettres et chiffres) peut se retrouver ici !

KIT DE SURVIE

3 Dernière partie (extension)

La dernière partie de l'adresse, appelée *extension*, donne une indication générale sur le type ou la provenance géographique du site. Dans notre exemple, cette indication concerne le pays du site : `.fr` indique que vous souhaitez accéder au site français de Google, qui dispose par ailleurs de sites dans la plupart des pays (`google.com` pour les États-Unis, `google.it` pour l'Italie, *etc.*).

Il existe en fait plus d'une centaine d'extensions différentes pour Google !

L'extension peut aussi être double, comme `.gouv.fr` (sites du gouvernement français) ou `.asso.fr` (associations françaises). Exemples : `www.impots.gouv.fr` (le site pour tout savoir sur les impôts et même effectuer sa déclaration en ligne), `www.secourspopulaire.asso.fr` (le site Web du Secours populaire).

PAS À PAS

Votre première recherche avec Google

Revenons à nos moutons virtuels. Il est temps d'agir et de vous livrer à votre première recherche sur Google !

1 Avez-vous encore la page d'accueil de Google affichée dans Internet Explorer ? Sinon, revenez quelques pages en arrière et affichez-la comme expliqué.

2 Pour entrer dans le vif du sujet, je vous invite immédiatement à saisir les mots suivants dans la « zone de recherche » : `film «Harry Potter»`. Vous ne pouvez pas vous tromper, il n'y a qu'un seul endroit pour taper du texte dans cette page.

3 Cliquez maintenant sur le bouton **Recherche Google**.

4 Et voilà ! Une nouvelle page apparaît. Elle contient toutes les réponses, c'est-à-dire des accès à d'autres sites Web, correspondant à la recherche.

5 Cliquez sur l'un des titres soulignés, si la description associée, située en dessous du titre, vous intéresse. Remarquez dès à présent que le curseur de la souris, qui a habituellement la forme d'une flèche (↖), prend alors une forme de main pointant du doigt (☝) vers ce bout de texte souligné, qu'on appelle **un lien**. Cela a son importance et j'y reviens très vite dans le détail.

6 Une fois de plus, vous êtes « transporté(e) » vers une nouvelle page : la page Web correspondant à la description que vous avez lue dans les résultats de Google (« Le site officiel de Harry Potter et la Coupe de Feu... » dans l'exemple).

Sans même le savoir, en plus d'effectuer votre première recherche dans Google, vous venez aussi de naviguer sur le Web !

KIT DE SURVIE

Je ne trouve pas Internet Explorer sur mon Bureau !

Si l'icône d'Internet Explorer n'est pas visible sur le Bureau, cliquez sur le bouton **Démarrer**, puis sur **Programmes**. Vous devriez y trouver un accès vers Internet Explorer.

Je ne vois pas la barre d'adresse et/ou la barre d'outils d'Internet Explorer

Cliquez sur **Affichage**, **Barres d'outils** et activez les options **Boutons standard** et/ou **Barre d'adresse**.

Que signifie « Google » ?

Le nom « Google » est dérivé du terme *Googol* qui signifie « 10 à la puissance 100 ». Ce chiffre est composé d'un 1 suivi de... cent zéros ! L'image est donc bien trouvée, même si on est encore loin de ce nombre de pages Web.

Décryptons votre recherche avec Google

Je l'ai évoqué un peu plus haut, le principe de la recherche avec un moteur comme Google est de lui fournir une requête. L'objectif, ici, n'est pas d'exprimer ce que vous cherchez en « langage naturel », mais de donner un ou plusieurs **mots significatifs** décrivant les informations à trouver.

Dans notre exemple, la page affichée montre ce qu'a produit Google lorsque la requête `film «Harry Potter»` a été saisie, puis validée, dans la page d'accueil.

Cette requête était claire : on cherchait des sites Web faisant référence à *Harry Potter* (le film et non le livre ou les figurines du même nom, par exemple).

Les guillemets dans `«Harry Potter»` indiquent à Google qu'il faut chercher, en plus du mot « film », l'expression exacte « Harry Potter », c'est-à-dire avec les deux mots accolés, et dans cet ordre.

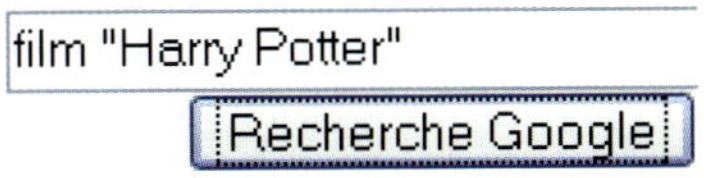

Google a ensuite simplement vérifié dans chaque page du Web si les mots de la requête y figuraient. Il a alors affiché, en moins d'une seconde (la durée de recherche affichée était pour cet exemple de 0,08 seconde), la liste de tous les sites qui contenaient *tous les mots* saisis… et il y en avait à ce moment-là un nombre impressionnant !

Remarque : si vous effectuez la même recherche aujourd'hui, les résultats seront sans aucun doute légèrement différents, mais il y aura tout de même un très grand nombre de pages sur ce thème, c'est certain !

Des liens par dizaines !

La liste contient plusieurs types de résultats : le site officiel du film sur le site de WarnerBros, des pages Web liées à l'actualité, des pages situées sur des sites Web spécialisés tels que celui d'Allociné, ou encore des liens dits « commerciaux », c'est-à-dire publicitaires.

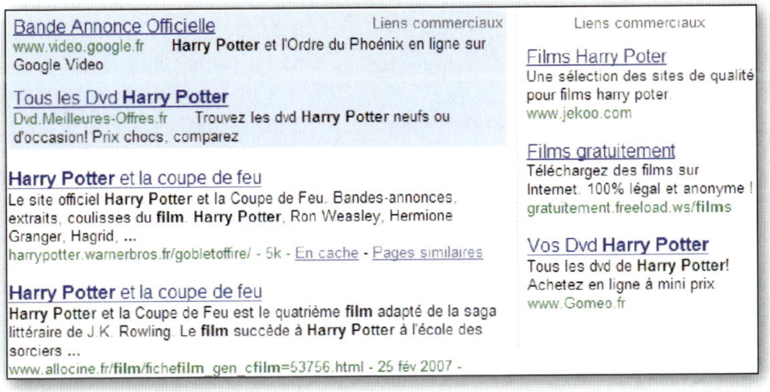

Si les résultats obtenus sont nombreux, vous pouvez aussi les parcourir page par page à l'aide des numéros situés en bas de la page.

Tous ces éléments soulignés, y compris les numéros pour accéder aux autres pages de résultats, sont **des liens** permettant de naviguer vers d'autres sites sur le Web.

KIT DE SURVIE

Repérer les liens

Comme je vous l'ai expliqué plus tôt, naviguer, c'est passer de lien en lien sur le Web. Or, si vous avez suivi le « pas à pas » précédent, vous l'avez fait sans même vous en rendre compte !

En général, pour repérer un lien, il suffit de faire glisser la souris sur une page Web, sans cliquer : sur certains éléments, le curseur, habituellement une simple flèche ( ), prend la forme d'une main ( ). C'est ce qui s'appelle mettre le doigt sur un lien !

Dans un texte, un autre indice permet de déceler un lien : le changement de style (couleur ou soulignement, par exemple) au passage de la souris. Placez la souris sur un tel lien et observez le changement.

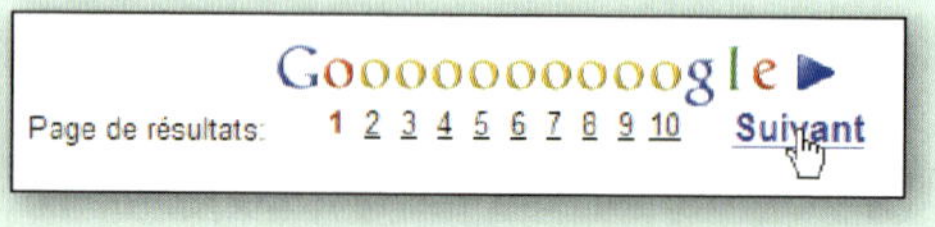

Comment Google fait-il pour être si rapide ?

Vous vous en doutez peut-être, si une recherche avec Google est si rapide (quelques secondes tout au plus), c'est parce qu'il ne parcourt pas réellement *tous les sites* du Web au moment où vous validez votre requête. Cela prendrait des heures et des heures !

En réalité, la tâche de Google consiste à parcourir en permanence tous les sites Web et à les répertorier dans ses registres informatisés. C'est un travail titanesque, mais entièrement automatisé, qui mobilise de nombreux ordinateurs en permanence. Ensuite, en exploitant les données de ces registres, Google peut fournir rapidement des réponses aux recherches des internautes.

Tous les sites Web (et Google en connaît plus de 8 milliards) sont donc régulièrement visités par un ordinateur appelé *robot* et, ensuite, Google met à jour ses registres. Mais, entre deux visites successives, un site ou une image peut avoir disparu, à l'insu de Google ! C'est ce qui explique la page d'erreur que vous rencontrerez parfois. Le contenu du site peut aussi tout simplement avoir changé, et, dans ce cas, vous n'arriverez peut-être pas sur la page à laquelle vous vous attendez... Ce sont les aléas du Web !

À la recherche de la meilleure requête...

Analysons encore un peu notre requête sur *Harry Potter*. Nous avons pu constater qu'elle produit plus de... 4 150 000 réponses ! Cela signifie donc qu'il y a autant de pages Web contenant le mot « film » et l'expression « Harry Potter ».

Les résultats sont classés par Google en fonction de nombreux critères (pertinence et popularité en tête, sans oublier certaines données commerciales, car Google n'est pas une entreprise à but non lucratif, sachez-le). Il y a de fortes chances pour que vous trouviez votre bonheur parmi les tout premiers résultats... à condition bien sûr que votre requête soit bien formulée dès le départ.

La difficulté consiste en fait à trouver un juste milieu entre une trop grande précision et une requête trop vague. Voyons cela de plus près.

PAS À PAS

Choisissez la bonne requête

Pour comprendre comment fournir une requête pertinente à Google, vous allez effectuer une deuxième recherche.

1 Allez à nouveau sur la version française du site de Google : `www.google.fr`.

2 Imaginons que vous voulez trouver les paroles de la chanson *L'Hymne à l'amour* d'Édith Piaf. Qu'allez-vous saisir comme requête ?

A - `je cherche les paroles de la chanson L'Hymne à l'amour de Edith Piaf`

B - `les paroles de la chanson L'Hymne à l'amour de Edith Piaf`

C - `paroles Hymne amour "Edith Piaf"`

D - `paroles Piaf`

La meilleure réponse est **C** - `paroles Hymne amour «Edith Piaf»`. En effet, c'est la requête la plus pertinente dans notre exemple. Voyons pourquoi :

- Seuls les mots clés importent, car Google ne comprend pas les « je veux », « je cherche », « trouver », *etc.* La réponse **A** ne convient donc pas.

- La solution **B** ne poserait pas de problème, mais Google ignorerait de toutes façons ce qu'on appelle les mots vides comme « un/une », « de », « le », *etc.* Inutile donc de les saisir.

- Quant à la dernière solution, elle est trop vague dans notre contexte. Elle nous renverrait *tous* les sites qui évoquent les paroles (et pas forcément les paroles de chansons) contenant le mot « piaf » !

Notez que l'utilisation des majuscules et des accents, ainsi que l'ordre des mots, n'ont pas de réelle importance : la requête `paroles hymne amour «édith piaf»`, par exemple, renvoie les mêmes sites que la requête **C**.

Enfin, il est possible de se passer des guillemets autour des mots `Edith` et `Piaf`, car la requête est assez précise. Conservons-les néanmoins, pour éviter tous les noms d'oiseaux sans rapport avec la Môme !

3 Saisissez donc à présent dans la zone de recherche de Google la requête que nous venons de choisir : `paroles Hymne amour «Edith Piaf»`.

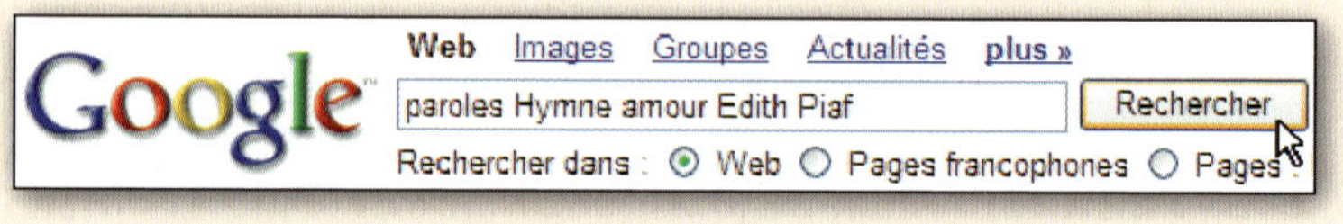

4 Cliquez sur **Recherche Google**. La page de résultats s'affiche.

Il existe (au moment de la rédaction de cet ouvrage) **64 000 pages** environ contenant les mots de la requête, mais, heureusement, Google affiche les plus pertinentes (c'est-à-dire celles qui comportent tous les termes de la requête, rapprochés les uns des autres) d'abord.

5 Cliquez sur un titre pour voir la page Web correspondante. Et voilà : vous venez d'atteindre un autre site Web !

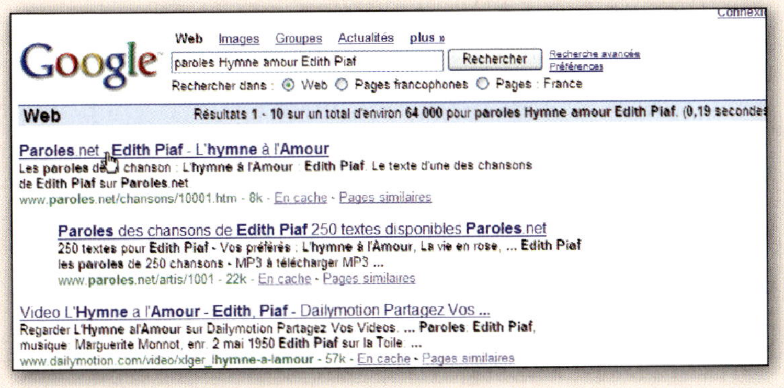

6 Si celui-ci ne vous convient pas, il suffit de revenir en arrière. Nous allons voir immédiatement comment effectuer cette manœuvre très simple.

KIT DE SURVIE

Revenir en arrière, repartir en avant

Lorsque vous visiterez le Web de lien en lien avec Internet Explorer, vous aurez évidemment parfois envie ou besoin de revenir en arrière puis de repartir en avant, *etc.* Les deux premiers boutons de la barre d'outils d'Internet Explorer sont dotés d'une flèche. **Page précédente** ( ) permet de revenir en arrière, sur la dernière page affichée, à tout moment. Si vous changez d'avis et souhaitez repartir en avant, aucun problème, cliquez sur **Page suivante** ( ).

De haut en bas et de gauche à droite

Cela ne vous aura probablement pas échappé : il est rare qu'une page Web tienne entièrement dans la fenêtre d'Internet Explorer, surtout en hauteur. C'est ici qu'interviennent les ***barres de défilement***. Elles apparaissent sur le côté droit de la fenêtre et en bas, si nécessaire. Elles sont identiques à celles de tous les programmes Windows : il suffit de cliquer dessus avec la souris et de faire glisser dans une direction ou une autre pour déplacer le contenu dans la fenêtre.

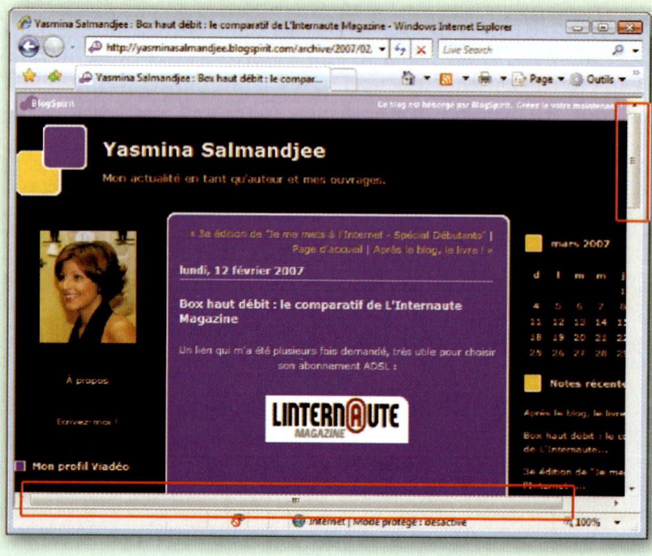

Défilez plus efficacement grâce à la souris optique

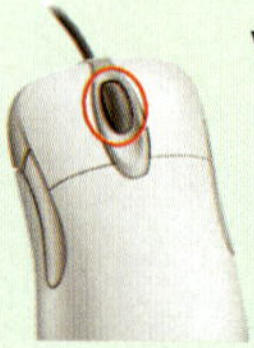

Votre souris, qu'elle soit optique (voir le conseil donné dans le chapitre précédent) ou non, dispose probablement d'une petite roulette entre ses deux boutons. Cette roulette sert précisément à faire défiler le contenu de la fenêtre vers le bas ou vers le haut (il est plus rare qu'une fenêtre occupe beaucoup d'espace en largeur). Prenez l'habitude de l'utiliser, cela vous épargnera de manipuler les barres de défilement, et vous ne pourrez bientôt plus vous en passer !

Google est un site puissant et indispensable qui vous permettra de trouver tout ce que vous cherchez sur le Web. Si vous manquez d'idées et ne savez toujours pas vraiment à quoi peut vous servir le Web, c'est le moment de passer au chapitre suivant, où je vous donne plein de pistes à explorer.

POUR RÉSUMER

- Naviguer sur le Web est simplement ce que font tous les internautes : cliquer sur des liens pour passer de page Web en page Web. Il faut pour cela utiliser un programme appelé navigateur, comme Internet Explorer.

- Une adresse Web commence généralement par www. et se termine par une extension donnant un indice sur le type du site : .fr, .org, .com, *etc.* Entre les deux, on trouve souvent le nom de la société ou de la marque propriétaire du site.

- Pour chercher des sites Web, des informations ou des images, il faut utiliser un site spécial appelé moteur de recherche. À l'heure actuelle, Google est le moteur de recherche le plus populaire. L'adresse Web du site français de Google est www.google.fr.

- Le principe consiste à soumettre à Google une requête, composée des principaux mots à trouver au sein d'une page Web. Seuls les mots clés importent, mais il faut que la requête soit aussi suffisamment précise pour que Google vous fournisse des résultats satisfaisants.

Votre carnet d'adresses Web

Voyages-sncf.com	www.voyages-sncf.fr
Administration 24h/24 – Mes démarches quand je veux	www.administration24h24.gouv.fr
pagesjaunes	www.pagesjaunes.fr
voila Guide TV	tv.voila.fr
ALLOCINE.COM	www.allocine.fr
mappy	www.mappy.fr
Wikipédia – L'encyclopédie libre	fr.wikipedia.org
Doctissimo	www.doctissimo.fr
Yahoo! France	www.yahoo.fr
Linternaute Magazine	www.linternaute.com
aufeminin.com	www.aufeminin.com
planet – seniorplanet.fr	www.seniorplanet.fr

CHAPITRE 5

Le meilleur du Web !

Il existe des millions, oui, des millions de sites Web ! C'est peut-être une véritable jungle, lorsqu'on ne sait pas par où commencer et comment se repérer, mais cela devient une mine d'or lorsqu'on s'y connaît. Gagner du temps, faire des économies, se simplifier la vie, apprendre et découvrir, se divertir, voire réduire la consommation de papier inutile, chacun peut trouver son intérêt sur le Web !

Dans ce chapitre, je vous livre mes sites préférés, et je suis sûre que plusieurs d'entre eux deviendront vite indispensables à vos yeux.

AU MENU

- **Effectuez vos démarches en ligne**
- **Imprimez une page**
- **Divertissez-vous grâce au Web**
- **Instruisez-vous et partagez votre savoir**
- **Profitez de la richesse des portails**
- **Redécouvrez la géographie**
- **Personnalisez votre navigateur Web**

De nouvelles habitudes qui changent le quotidien

Acheter des billets de train sans passer par le guichet !

La SNCF donne la possibilité d'acheter des billets de train *via* son site. Si ce n'est déjà fait, mettez-vous-y sans plus tarder, vous éviterez les files d'attente inutiles ! Un autre avantage : vous pouvez effectuer sans impatienter quiconque des dizaines de recherches pour trouver le meilleur tarif, au meilleur horaire, voir toutes les correspondances possibles, *etc.* Par ailleurs, certaines offres du transporteur (comme les « dernière minute ») sont uniquement accessibles aux internautes… Enfin, ne passez pas à côté de la grande nouveauté du site de voyages de la SNCF : l'EcoComparateur, un outil permettant de comparer différents moyens de transport (train, avion, voiture) entre deux lieux, d'un point de vue *éco*nomique et *éco*logique !

Voici l'adresse du site de vente de voyages de la SNCF : `www.voyages-sncf`.fr

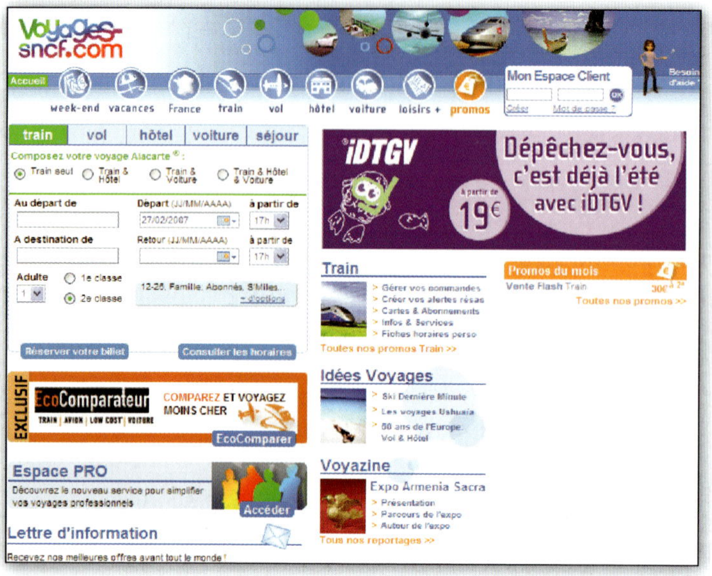

Mes démarches quand je veux

C'est le slogan d'un tout nouveau site, qui lui va d'ailleurs comme un gant. En effet, grâce au site Administration 24 heures sur 24, plus la peine d'attendre des heures dans différentes administrations pour obtenir un formulaire. Il suffit de quelques minutes pour effectuer toutes sortes de démarches administratives, directement sur le site, sans rien avoir à imprimer, sans avoir à vous déplacer. Et si les démarches administratives devenaient un plaisir ? N'exagérons rien, mais je vous l'avais annoncé : une révolution est en cours grâce à l'Internet !

À noter : au cours de l'année 2007, ce sont plus de 300 nouvelles démarches qui viendront peu à peu enrichir ce site.

Commencez par afficher le site suivant dans Internet Explorer :

www.administration24h24.gouv.fr

PAS À PAS

Demandez un acte de naissance en ligne

1 Les démarches administratives sont regroupées par thèmes. Cliquez sur **Mes papiers**.

2 Dans la rubrique **Etat civil**, cliquez sur **Demande d'acte de naissance**.

3 Comme il est indiqué ici, cette démarche est assurée par les mairies. Cela implique deux choses. Tout d'abord, il est possible que la mairie de votre lieu de naissance ne soit pas encore prête à délivrer des actes de naissance suite à une demande en ligne. Ensuite, chaque ville a son propre système informatique, et la procédure peut légèrement différer d'une mairie à une autre. La méthode reste toutefois sensiblement la même ! Si vous avez besoin d'aide, il existe un didacticiel : cliquez sur **Adèle vous explique comment réaliser cette démarche en ligne** pour obtenir de l'aide.

4 Cliquez sur **Accéder à ma démarche en ligne**.

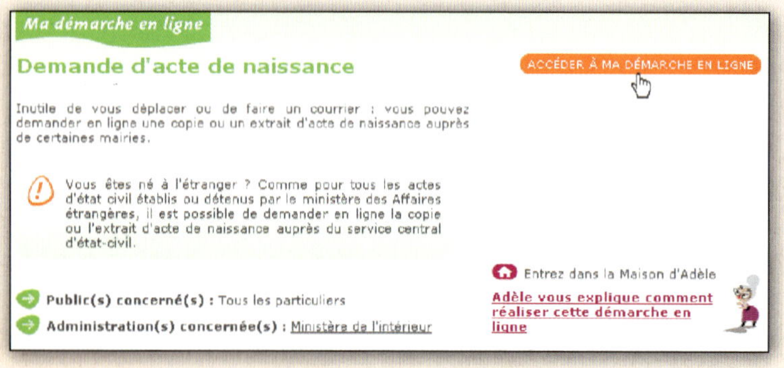

5 Cochez la case **J'accepte les conditions générales d'utilisation du service**, puis cliquez sur **Commencer la démarche**.

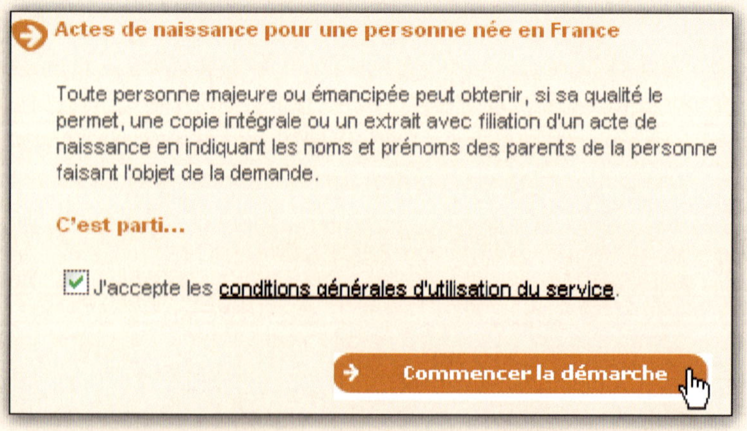

6 Indiquez votre localité de naissance avant de cliquer sur **Rechercher**. Il ne reste plus qu'à vous laisser guider et à fournir les informations demandées. Vous recevrez rapidement votre acte de naissance, directement par courrier postal !

KIT DE SURVIE

La page demandée ne s'affiche pas

Pour commencer, vérifiez que vous êtes bien connecté à l'Internet. Assurez-vous aussi que l'adresse saisie est correcte. Un caractère de moins ou de plus, ou remplacé par un autre, et cela ne fonctionnera pas ! Une adresse Web est un peu comme un numéro de téléphone…

Que signifie « .com » dans certaines adresses Web ?

Vous remarquerez peut-être au détour du Web que les sites en `.us` ou `.usa` n'existent pas ! En effet, c'est le très connu `.com`, qui fait référence au caractère commercial d'un site, qui est en usage aux États-Unis… mais aussi disponible dans le monde entier.

Faut-il toujours ajouter les caractères « http:// », figurant au début d'une adresse Web ?

Ce préfixe technique désigne le *protocole de communication* utilisé par le site, en l'occurrence HTTP. À l'exception des sites sécurisés, qui utilisent le protocole HTTPS (HTTP Sécurisé), c'est toujours HTTP que vous trouverez sur le Web. Ne vous en souciez pas plus : ce préfixe est de toutes façons ajouté automatiquement par Internet Explorer lorsque vous validez l'adresse saisie dans votre navigateur.

Consultez votre compte bancaire en ligne

La consultation et la gestion de son compte sur le Web arrivent dans le peloton de tête des opérations les plus courantes effectuées par les internautes français. Il est vrai que pouvoir visualiser ses relevés, faire des virements et imprimer des RIB sans se déplacer est confortable ! Beaucoup d'internautes n'osent pas franchir le pas et sont effrayés par les problèmes de sécurité. Il n'y a pourtant aucun risque : les sites des banques sont tout particulièrement protégés, exactement comme les établissements ayant pignon sur rue, c'est une évidence !

Renseignez-vous auprès de votre établissement bancaire, car vous avez besoin d'une information essentielle pour accéder à vos comptes : **votre code d'accès personnel**. Si vous possédez déjà un code personnel pour consulter vos comptes par téléphone/Minitel, vous pourrez peut-être l'utiliser aussi pour accéder à vos comptes sur le Web.

Il vous faudra aussi **l'adresse du site Web de votre établissement bancaire**. Voici les sites des principaux établissements français :

Banque de France	www.banque-france.fr
Banque populaire	www.banquepopulaire.fr
Natexis Banques Populaires	www.nxbp.fr
BNP	www.bnpnet.bnp.fr
BRED	www.bred.fr
Caisse d'Épargne	www.caisse-epargne.fr
Crédit Agricole	www.credit-agricole.fr
Crédit Lyonnais	www.creditlyonnais.com
Crédit Mutuel	www.creditmutuel.fr
Cortal	www.banque-cortal.fr
CIC	www.cic-banques.fr
CCF	www.ccf.fr
Société Générale	www.socgen.com
La Poste	www.videoposte.com
Crédit du Nord	www.cdn.fr
Banque Hervet	www.banque-hervet.fr
BNP Paribas	www.bnpparibas.com

Dans notre exemple, le site utilisé est celui du service de banque en ligne du Crédit Agricole de Paris, dont l'adresse Web est :

`www.paris-enligne.credit-agricole.fr`

pour cette fenêtre sécurisée commence non plus par `http`, mais par `https`. Avec un « s » comme… sécurisé ! De plus, l'icône apparaît à côté de la barre d'adresse. Ces deux éléments indiquent que le site est bien **sécurisé**, et que vous n'avez rien à craindre !

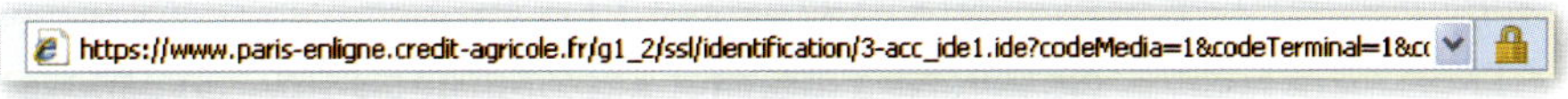

Chaque établissement bancaire a son propre site, mais le principe reste le même. Affichez la page d'accueil du site de votre établissement bancaire. Vous y trouverez une zone pour indiquer votre numéro de compte et votre code d'accès, qui peut différer de celle présentée ici, selon le système adopté par votre propre banque. Saisissez-les, puis cliquez sur le bouton de validation.

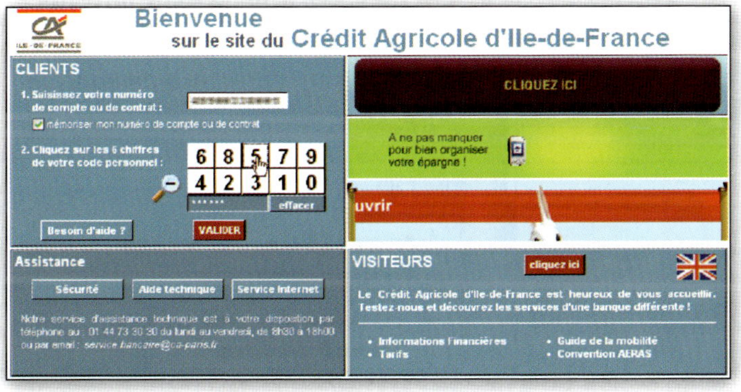

Vous entrez alors dans une *zone sécurisée* (c'est-à-dire une zone dans laquelle les données confidentielles sont protégées), quel que soit votre établissement bancaire. Remarquez deux choses : l'adresse qui apparaît dans le navigateur

Cette page Web affiche généralement la synthèse de vos différents comptes et donne accès à plein de services, différents selon les banques et toujours très pratiques pour gérer vos comptes à distance : virement, simulation de prêt, demande de chéquier, impression de RIB, *etc.*

Trouvez un numéro de téléphone

Il existe de nombreuses manières de chercher un numéro de téléphone ou une adresse dans l'annuaire des abonnés à France Telecom... Avant, vous appeliez les renseignements, ce qui était peu économique : l'appel était systématiquement facturé, sauf depuis une cabine téléphonique. Vous pouviez également consulter le « bottin », qui représente des tonnes de papier, ce qui était donc peu écologique et, surtout, fastidieux. Enfin, vous aviez la possibilité de brancher votre Minitel (sans commentaire).

Grâce au Web, tout cela est terminé ! Les Pages jaunes et les Pages blanches se sont en effet très vite imposées sur le Web et leur consultation est gratuite. En plus d'offrir une recherche de coordonnées téléphoniques classiques, par activités ou par noms, le site Web exploite certaines possibilités uniques de l'informatisation, comme les recherches par régions, par adresses, *etc.*

Pour accéder au site des Pages jaunes, affichez la page suivante dans Internet Explorer :

`www.pagesjaunes.fr`

Les onglets en haut de la page indiquent tous les services offerts par le site. Voici les plus intéressants selon moi, surtout si on prend en compte l'innovation et le côté pratique du Web, comparé aux bons vieux annuaires :

- **Recherche express dans l'annuaire.** Les onglets **Pages jaunes** et **Pages blanches** permettent la recherche dans les annuaires respectivement des professionnels et des particuliers. Notez que vous pouvez rechercher un nom selon une adresse ou dans une région entière, ce qui est impossible avec l'annuaire traditionnel !

- **Trouvez un professionnel près de chez vous.** L'onglet **Recherche à**

proximité donne accès à un service fort intéressant. En saisissant une adresse, vous pourrez trouver tous les professionnels dans une branche d'activités donnée et situés à proximité !

Ce soir, télé ou ciné ?

Grâce au Web, consulter le programme télé du soir ou obtenir les horaires d'une séance de cinéma est un jeu d'enfant ! Non seulement ces informations sont gratuites, mais, de plus, vous pouvez effectuer des recherches, des tris, obtenir des informations ciblées sur le sujet qui vous intéresse, *etc.* – ce que vous ne pouvez pas faire avec un journal imprimé.

Voici un site bien pratique qui propose les programmes des principales chaînes de télévision : `tv.voila.fr` (notez que cette adresse ne commence pas par l'habituel www).

Affichez la page Web dans Internet Explorer. Le résumé des programmes du soir apparaît. Je vous laisse explorer ce site par vous-même.

Il existe d'autres sites proposant les programmes TV ainsi que des informations liées à l'actualité télévisuelle. En voici deux autres de qualité :

`www.tvmag.com`

`television.telerama.fr`

Dans la lignée de l'exemple précédent, le site **AlloCiné** propose tous les programmes de cinéma de France, ainsi que plein d'informations sur le septième art, les grands acteurs, les DVD du moment, *etc.* Voici l'adresse de la page d'accueil de ce site Web :

`www.allocine.fr`

Cliquez sur l'onglet **Cinéma** pour obtenir les toutes dernières infos sur les

films à l'affiche. Cliquez sur un nom de film pour voir sa fiche AlloCiné.

Saisissez un nom de film dans le champ de recherche pour voir sa fiche détaillée, ou encore un nom de salle, un code postal pour obtenir les horaires des séances. Les pages d'AlloCiné sont bien remplies. N'hésitez pas à aller faire un tour dans les autres onglets, pour voir les critiques de la presse, le box-office, et même les vidéos de bandes-annonces.

Pour cela, dans la fiche d'un film, cliquez sur l'onglet **Bandes-annonces**, puis sur le lien **Voir la bande-annonce** : une fenêtre s'ouvre et vous pouvez y voir la vidéo demandée.

Calculez vos itinéraires

Voilà un site que j'apprécie tout particulièrement, moi qui n'ai pas le sens de l'orientation… Non seulement vous pouvez lui demander de calculer un itinéraire entre deux adresses quelconques en Europe, mais Mappy peut vous fournir un plan de quartier à envoyer à tous vos amis… Ceux-ci n'auront plus aucune excuse pour arriver en retard ! Rendez-vous sur la page Web suivante :

`www.mappy.fr`

PAS À PAS

Imprimez une page

Après avoir créé un itinéraire avec Mappy, par exemple, vous souhaiterez peut-être l'imprimer pour l'emporter avec vous. Vous pouvez aussi, bien sûr, imprimer n'importe quelle page Web visitée.

Pour cela, rien de plus simple (à condition d'avoir une imprimante, cela va sans dire !).

1 La page Web que vous souhaitez imprimer doit être affichée dans Internet Explorer.

2 Cliquez sur le bouton , puis sur **Imprimer**.

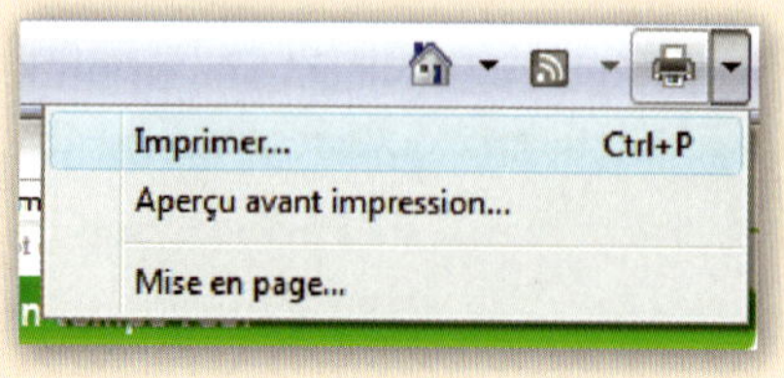

3 Sélectionnez l'imprimante de votre choix dans la boîte de dialogue qui apparaît. Si vous n'en avez qu'une seule, la question ne se pose pas !

4 Indiquez le nombre de copies souhaité.

5 Cliquez sur **Imprimer**.

Et voilà, le tour est joué !

Écoutez la radio en ligne

Écouter la radio en ligne est une des activités préférées des internautes. Il y a une excellente raison à cela : où que vous soyez, vous pouvez écouter votre radio préférée (sans même en connaître la fréquence), ou bien une radio située à l'autre bout de la planète ! Pour écouter une radio, vous devez connaître son site. Vous y trouverez alors facilement un lien, sur la page d'accueil, permettant d'écouter les émissions en direct.

PAS À PAS

Écoutez une émission de radio sur Europe 1

1 Pour écouter Europe 1, rendez-vous sur la page d'accueil du site de la radio :

`www.europe1.fr`

2 Pour écouter l'émission en cours, cliquez sur **En direct**.

3 Pour écouter une émission ayant déjà été diffusée, cliquez sur **Archives**. Cliquez ensuite sur une date et une tranche horaire pour retrouver l'émission, et cliquez sur **Ecouter l'émission**.

4 Dans les deux cas, une fenêtre s'ouvre et émet du son.

5 Fermez simplement la fenêtre lorsque vous ne voulez plus écouter cette radio.

Un jeu d'enfant, non ?

KIT DE SURVIE

Les sites des principales radios françaises

La plupart des radios françaises possèdent aujourd'hui leur site, et il est possible de les écouter en ligne. C'est gratuit, bien entendu. Vous pouvez même, parfois, réécouter des émissions déjà diffusées ou voir une vidéo en temps réel du studio et des animateurs !

Notez d'abord que toutes les radios du groupe Radio France - c'est-à-dire France Info, Radio Bleue, FIP, France Inter, France Culture, *etc.* - sont disponibles *via* le même site :

`www.radiofrance.fr`

Voici les adresses Web des principales stations françaises :

BFM	www.radiobfm.com
Chante France	www.chantefrance.com
Chérie FM	www.cheriefm.fr
Contact FM	www.contactfm.com
Europe 2	www.europe2.fr
Nostalgie	www.nostalgie.fr
NRJ	www.nrj.fr
Radio Classique	www.radioclassique.fr
Radio Courtoisie	www.radiocourtoisie.com
Radio Nova	www.novaplanet.com
RFI	www.rfimusique.com
RFM	www.rfm.fr
Rire et chansons	www.rireetchansons.fr
RTL	www.rtl.fr
RTL 2	www.rtl2.fr
RTL Sport	www.rtlsport.com
Sud Radio	www.sudradio.fr

Apprenez et partagez votre savoir

Wikipédia est la première encyclopédie libre sur le Web. Le principe ? Chacun

peut écrire des articles et contribuer ainsi au développement de cette encyclopédie communautaire déjà bien fournie. Vous pourrez y trouver des infos « hors des sentiers battus » sur tout sujet… et surtout participer sur les sujets dont vous êtes un fin connaisseur. L'adresse est la suivante :

`fr.wikipedia.org`

Pour chercher un article sur Wikipédia, saisissez simplement des termes dans la zone **Rechercher** puis cliquez sur **Consulter**. Si l'article n'existe pas, vous pourrez écrire votre propre contribution à l'encyclopédie, si vos connaissances vous le permettent !

Parlons santé !

Doctissimo est un de mes sites favoris. Pourquoi ? Parce que j'y trouve toujours la réponse aux questions que je me pose sur tout ce qui touche à la santé. Le site n'a pas pour objectif, ni même pour ambition, de se substituer à un médecin, mais sachez qu'il a été créé par de vrais professionnels de la santé. Il se veut avant tout un magazine en ligne de l'actualité santé. Son adresse est la suivante :

www.doctissimo.fr

On retrouve ici le système de navigation par onglets rencontré précédemment. Les informations affichées pour chaque rubrique sont régulièrement mises à jour, comme pour un magazine imprimé !

Cherchez du texte dans une page Web

PAS À PAS

Comme c'est parfois le cas avec les articles sur Doctissimo, vous rencontrerez des pages Web contenant beaucoup de texte. Pour localiser un mot ou une expression précis sans avoir à lire l'intégralité de la page :

1. Cliquez sur le bouton **Options de recherche** dans Internet Explorer
2. Cliquez sur **Rechercher dans cette page...**

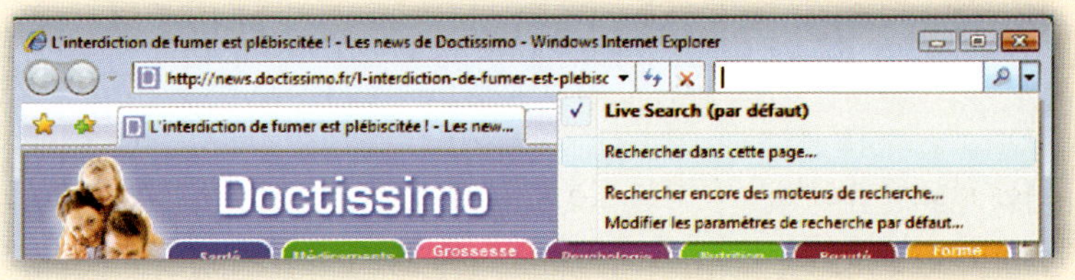

3 Dans la petite fenêtre qui apparaît, saisissez le terme souhaité dans le champ **Rechercher**.

4 Vous pouvez activer les options **Mot entier seulement** (qui parle d'elle-même) ou **Respecter la casse** (pour tenir compte des minuscules et des majuscules dans la recherche).

5 Cliquez sur **Suivant**.

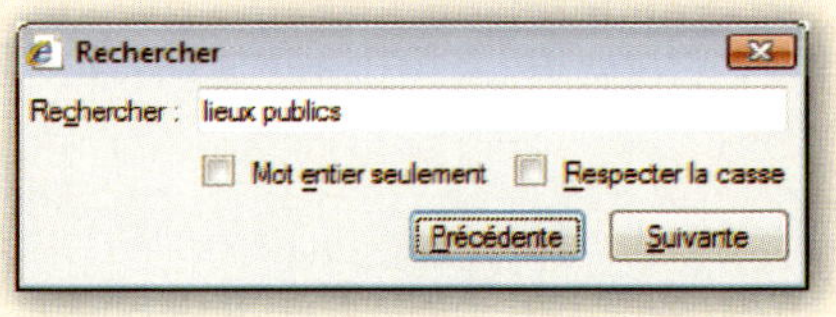

6 La première occurrence du terme est atteinte dans la page. Elle est surlignée.

7 Cliquez à nouveau sur **Suivant** pour atteindre l'occurrence suivante.

8 Une fois votre recherche terminée, cliquez sur la case de fermeture de la fenêtre de recherche.

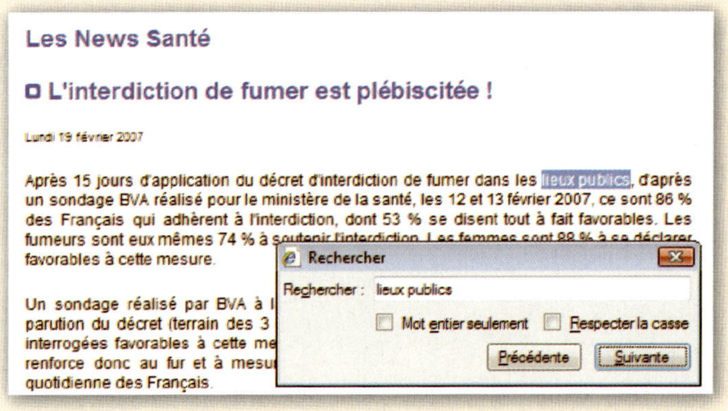

Des divertissements pour tous les goûts !

Yahoo! est ce qu'on appelle un « portail ». C'est un site très complet proposant du contenu sur divers sujets, organisés en rubriques, des liens vers d'autres sites utiles et plein de services. Yahoo! propose par exemple un moteur de recherche, un e-mail gratuit, des actualités, des jeux, de la musique… La liste est longue.

PAS À PAS

Envoyez une carte d'anniversaire avec Yahoo!

Ce service est sympathique : il permet d'envoyer une carte de vœux *électronique* (et non une carte de vœux imprimée !) personnalisée à l'un de vos proches, à condition qu'il ait une adresse e-mail.

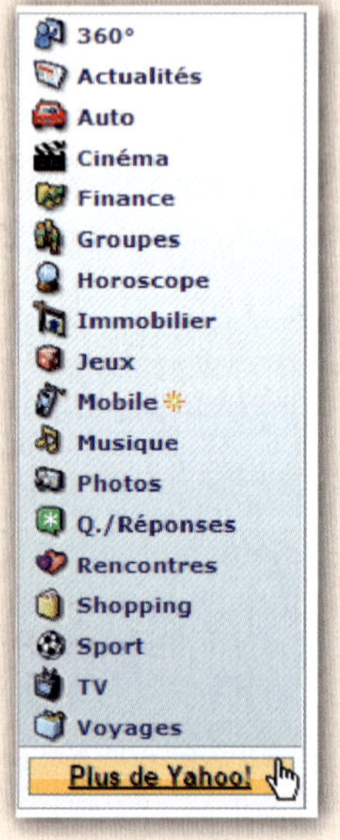

Vous choisissez le modèle de la carte, ajoutez votre texte et décidez même de la date précise à laquelle Yahoo! devra envoyer le message à votre destinataire.

1 Allez sur la page d'accueil de Yahoo! :
www.yahoo.fr

2 Cliquez sur **Plus de Yahoo!**. Vous pouvez y voir l'ensemble des services du portail Yahoo!. Cliquez sur **Cartes de vœux**.

3 Dans la page **Cartes de vœux**, cliquez sur un thème. Vous pouvez aussi choisir un événement dans le calendrier.

4 Choisissez ensuite un modèle de carte dans la sélection offerte, puis cliquez sur **Envoyer gratuitement sur son mail**.

5 Un aperçu de la carte apparaît.

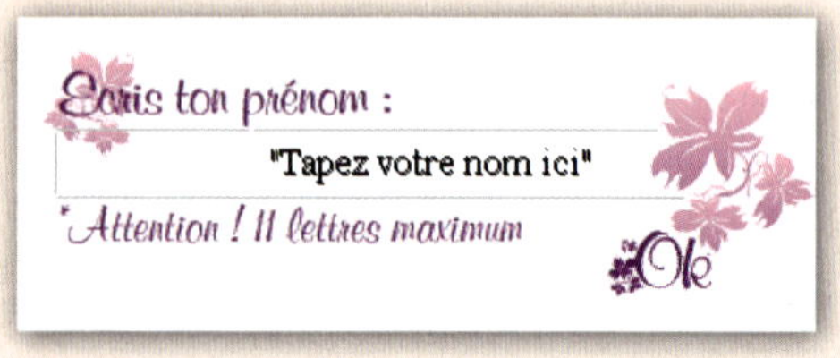

6 Saisissez ensuite le nom et l'adresse e-mail de votre destinataire, ainsi que les vôtres. Vous pouvez taper un message personnel qui accompagnera la carte. Choisissez ensuite, éventuellement, des options pour le texte, et même la date d'envoi. Cliquez ensuite sur **Prévisualisez** pour voir le résultat.

7 Si le résultat vous convient, cliquez sur **Envoyer**. Votre destinataire recevra la carte par e-mail, à la date prévue !

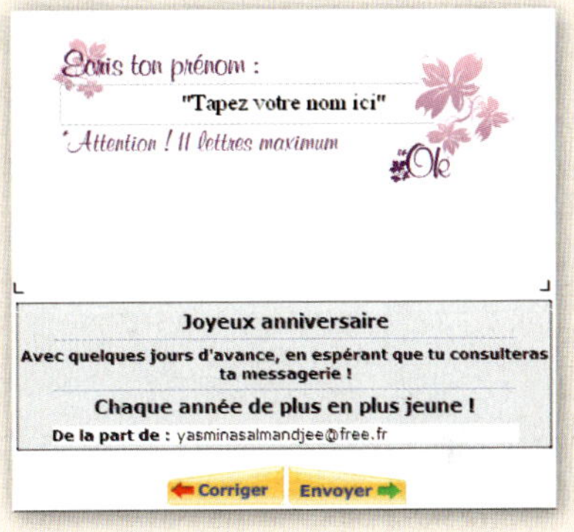

KIT DE SURVIE

Comment saisir l'adresse e-mail de mon destinataire ?

Vaste sujet que l'e-mail ! Si vous ne savez pas encore envoyer et recevoir des e-mails ou indiquer l'adresse e-mail de votre destinataire, consultez les chapitres consacrés à ce thème.

D'autres portails

Il existe plein d'autres portails plus « thématiques ». En voici quelques-uns qui méritent votre attention :

- **L'Internaute.** Un portail plutôt orienté « magazine », abordant un grand nombre de thèmes et offrant plein de services originaux – des jeux, des tests, des sondages, des comparatifs et des guides d'achat –, et plein de services ludiques que je vous laisse découvrir – noms de famille, prénoms, villes, Sudoku, mots croisés, Copains d'avant, *etc.*

  `www.linternaute.com`

- **Au Féminin.** Un magazine en ligne, pour les femmes, comme son nom l'indique ! Mode et beauté, famille, santé et sexualité, régimes et minceur, astrologie, toutes les rubriques d'un magazine féminin traditionnel y sont !

  `www.aufeminin.com`

- **Senior Planet** et **Notre temps.** Des sites orientés vers les centres d'intérêt des aînés, de plus en plus nombreux sur le Web.

  `www.seniorplanet.fr`

  `www.notretemps.com`

PAS À PAS

Choisissez une nouvelle image pour le Bureau

En naviguant sur le Web, si vous découvrez une image qui vous plaît, vous pouvez en faire votre image de fond d'écran, en un seul clic !

Voici comment faire :

1. L'image doit être affichée dans Internet Explorer, seule ou dans une page Web.

2. Cliquez simplement dessus avec le bouton **droit** de la souris.

3. Sélectionnez alors **Choisir comme image d'arrière-plan** dans le menu qui apparaît.

4. L'image devient immédiatement le nouveau papier peint de votre Bureau !

KIT DE SURVIE

Je veux ouvrir un lien mais sans quitter la page sur laquelle je me trouve !

Vous pouvez ouvrir le lien dans un **nouvel onglet** d'Internet Explorer. Pour cela, au lieu de cliquer simplement sur le lien du bouton gauche de la souris, cliquez du bouton **droit** et choisissez **Ouvrir le lien dans un nouvel onglet**. La page reste affichée et le lien s'ouvre dans un nouvel onglet. Il suffit désormais de cliquer sur l'onglet pour afficher cette page, sans pour autant faire disparaître la page d'origine.

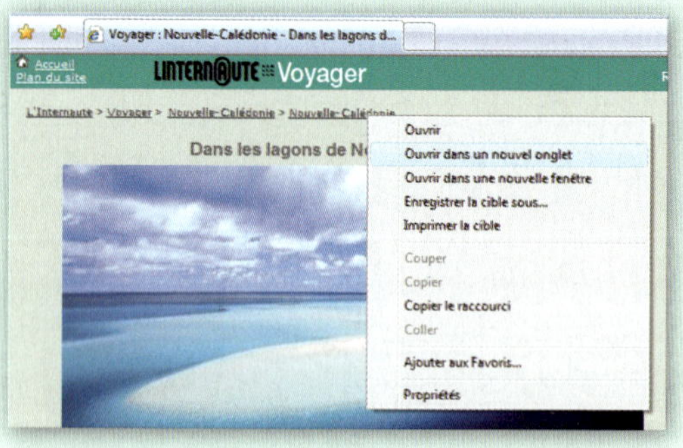

Je n'entends aucun son lorsque j'essaie d'écouter la radio en ligne !

Vérifiez d'abord que le son de votre ordinateur et/ou de vos haut-parleurs n'est ni au minimum, ni réglé sur « muet » (avec les boutons de volume). Testez ensuite le site Web d'une autre radio, pour vérifier que le problème ne vient pas du site choisi. Si cela ne fonctionne toujours pas, peut-être y a-t-il un problème avec votre carte son. Demandez alors l'avis d'un spécialiste.

Saisir une adresse Web en un clin d'œil

Vous avez peut-être remarqué que beaucoup d'adresses Web sont du type `www.nomdusite.com`.

Pour gagner du temps, vous pouvez saisir simplement la partie `nomdusite` dans la barre d'adresse d'Internet Explorer. Appuyez ensuite sur **Ctrl + Entrée** : les parties `www.` et `.com` sont ajoutées automatiquement, et la page correspondante apparaît.

Comment trouver le site d'une radio en particulier ?

En général, il suffit de chercher le nom de cette radio à l'aide du moteur de recherche **Google**.

Des cadeaux à partir de vos photos !

Il existe plusieurs formules pour faire imprimer vos photos numériques par des labos professionnels : apporter votre carte mémoire, un CD ou une clé USB contenant vos photos dans une boutique, par exemple, ou simplement envoyer toutes vos photos *via* le site Web d'un labo en ligne. Mais saviez-vous qu'il est désormais possible de faire bien plus que simplement développer vos photos ? Vous pouvez en effet créer à partir de vos propres photos des objets très originaux, du tapis de souris à l'ours en peluche, en passant par de somptueux « livres photo ».

Voici trois sites Web que je vous recommande :

- Photo Service
  `www.photoservice.com`
- FNAC Photo
  `www.fnacphoto.com`
- MyPIX (anciennement MyPIXmania)
  `www.mypix.com`

Il en existe beaucoup d'autres !

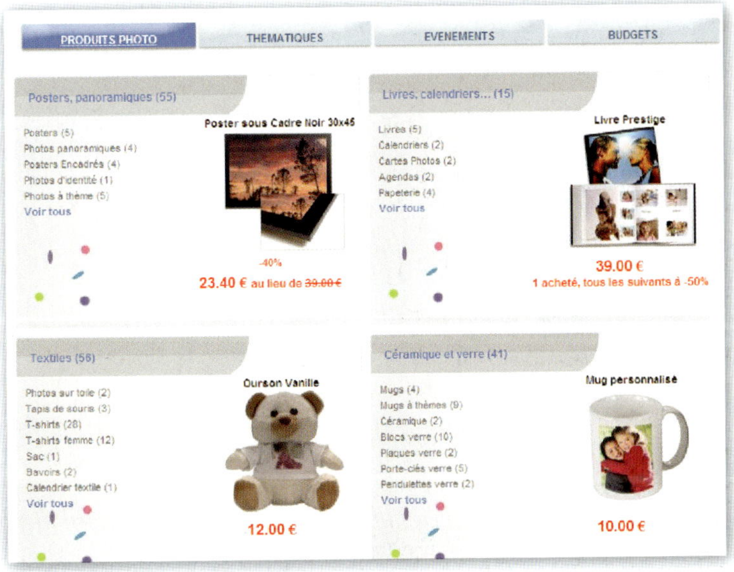

La France vue d'en haut avec Géoportail

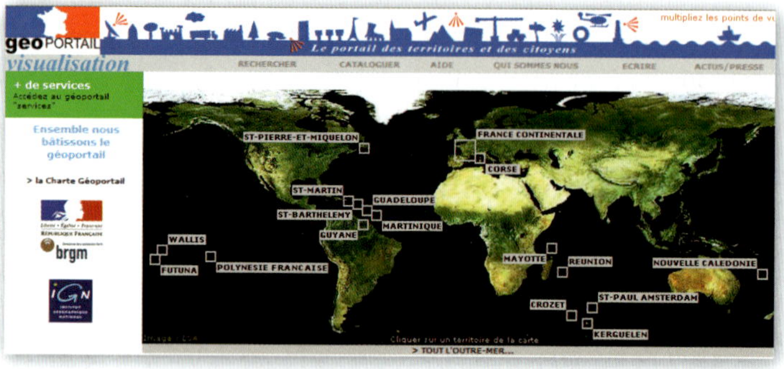

Une autre nouveauté 2006. Ce site de l'IGN (l'Institut géographique national) offre des vues aériennes 2D des villes de France métropolitaine et des DOM-TOM (et la 3D est annoncée pour bientôt). C'est « la France vue du ciel » ! Essayez les « lieux remarquables ». Vous pouvez aussi voir la ville où vous avez grandi et essayer d'y retrouver la maison de votre enfance.

www.geoportail.fr

Les archives de l'INA

Ce site a été lancé avec succès en 2006. Ce n'est rien de moins qu'une énorme partie des archives de l'Institut national de l'audiovisuel qui est désormais accessible en quelques clics !

Ce site est tout simplement extraordinaire… 100 000 émissions télé et radio y sont visionnables gratuitement ! Laissez-vous emporter dans une balade télévisuelle.

www.ina.fr

Gourmandise, quand tu nous tiens !

Marmiton est un site créé par des passionnés de cuisine. Ils ont su tirer parti intelligemment des possibilités offertes par l'informatisation et l'Internet, et leur site est très réussi. Bien pensé et élégant, il s'en dégage un fort esprit participatif.

Voici son adresse :

`www.marmiton.org`

Le site est très complet et propose de nombreux services. Vous pouvez tout d'abord chercher une recette en utilisant les catégories thématiques sur le côté de la page, ou en saisissant des mots clés dans la zone **Rechercher**.

Cliquez sur le titre d'une recette pour l'afficher. Vous pouvez voir la recette, mais aussi l'avis précieux d'autres internautes l'ayant testée avant vous. C'est cela, l'esprit communautaire du Web !

Le site marmiton.org est si riche qu'il vaut bien une visite approfondie. Je vous laisse découvrir les autres excellents services. Un régal !

Décryptez une adresse e-mail

yasminalecomte@free.fr

Nom d'utilisateur

Le **nom d'utilisateur** peut être composé du prénom et du nom d'une personne, mais ce peut aussi être un surnom, ou n'importe quelle combinaison de lettres et de chiffres, comme `yasminalecomte`, `Tom50` ou `Canari-bleu`. Contrairement à une adresse de courrier traditionnel, l'e-mail permet certaines fantaisies. Notez toutefois qu'une adresse comme `53009@yahoo.fr` n'est pas très pratique à retenir !

Symbole @

Ce nom d'utilisateur est *toujours* suivi du symbole **@** (qui ne figure *pas* dans les adresses de sites Web). Ce caractère s'appelle **arobase**, mais se dit souvent « at » (*at* signifiant « chez » en anglais).

Prestataire de messagerie et extension

La **dernière partie** d'une adresse e-mail désigne exactement la même chose que dans une adresse Web : c'est généralement la dénomination commerciale du site (extension comprise) de l'entreprise qui vous offre cette adresse e-mail. C'est ce qu'on pourrait appeler le « prestataire », ou « fournisseur », de votre messagerie : `free.fr`, `orange.fr`, *etc.*

CHAPITRE 6

Vous avez un message !

Nous allons à présent aborder un sujet passionnant : le courrier électronique, plus connu aujourd'hui sous le nom de *messagerie* ou *e-mail*. C'est un autre des services offerts par l'Internet, bien différent du Web dans son mode de fonctionnement et dans son usage.

Ce chapitre est une introduction à la messagerie électronique. Il vous explique ce qu'est exactement une adresse e-mail et comment en obtenir une. Comme vous le verrez, il n'y a rien de plus simple !

Dans les chapitres qui suivent, vous passerez à la pratique : vous apprendrez à recevoir et à envoyer des messages, et même à y joindre des photographies ou tout autre type de document.

AU MENU

fichier de musique ou de vidéo, un programme, *etc.*

Avant de détailler ce thème dans les chapitres qui suivent, attardons-nous sur ce qu'est l'e-mail et ce dont vous avez besoin pour envoyer et recevoir des messages.

L'e-mail, c'est gratuit et rapide

L'e-mail rencontre un grand succès dans le monde entier et nombreux sont ceux qui ne peuvent plus s'en passer au quotidien. Et cela est valable dans la vie de tous les jours comme dans la vie professionnelle. Pourquoi un tel succès ? Parce que l'e-mail présente trois avantages essentiels sur le courrier traditionnel :

- L'e-mail est totalement gratuit et n'a pas de frontières.
- L'e-mail est reçu instantanément, quelques secondes après avoir été expédié.
- L'e-mail est plus facile à gérer que le courrier traditionnel.

En un mot, la principale différence entre le courrier traditionnel et l'e-mail est que ce dernier peut être qualifié d'« immatériel ».

Développons chacun de ces arguments.

L'e-mail est totalement gratuit

Il suffit en effet de posséder un abonnement à l'Internet et une adresse e-mail. Il est d'ailleurs possible d'obtenir une adresse e-mail gratuitement si vous n'en possédez pas. Échanger des e-mails ne coûte pas un centime. Quand on pense au tarif du timbre-poste, cela prête à réflexion, non ? Cette gratuité vaut d'ailleurs dans tous les cas, que vous envoyiez un seul mot ou l'équivalent d'un roman ! Vous pouvez même envoyer des images ou des documents (nous verrons qu'il faut tout de même respecter certaines règles).

L'e-mail n'a pas de frontières

Avec l'e-mail, il n'y a pas de différence entre le fait d'envoyer un message à votre voisin de palier, à un proche situé à l'autre bout de la France, et même à un ami vivant aux antipodes ! L'e-mail existe à l'échelle de la planète, et la seule condition pour que votre destinataire puisse recevoir un message est qu'il dispose d'un ordinateur connecté à l'Internet.

L'e-mail est reçu instantanément

Lorsque vous envoyez un message e-mail, votre correspondant le reçoit immédiatement ! Certains nostalgiques diront peut-être que c'est l'attente qui fait le charme d'un mot doux, mais avouez que cela peut être bien pratique. Quelques secondes suffisent en effet pour faire transiter un message d'un ordinateur à un autre par l'Internet, que votre correspondant se trouve dans le même immeuble que vous ou dans un autre hémisphère (sur ce point, aucune comparaison n'est donc possible avec le courrier postal !).

L'e-mail est plus facile à gérer

L'e-mail est un « courrier électronique ». Contrairement au courrier ordinaire, qui peut représenter beaucoup de papier à classer et à stocker, l'e-mail est avant tout un « document », au sens informatique du terme. Cela signifie que vous pouvez conserver tous vos messages si vous le souhaitez, les trier et les retrouver facilement, les imprimer si besoin, *etc.* Autrement dit, vous pourrez gérer vos messages exactement comme les autres documents sur votre ordinateur !

Et l'e-mail présente encore d'autres avantages, comme la possibilité d'envoyer un message à plusieurs destinataires ou d'envoyer des documents (photos, musique, *etc.*) comme nous le verrons dans le chapitre suivant.

Ce qu'il vous faut pour utiliser l'e-mail

Comme je l'ai évoqué, l'e-mail a des points communs avec le courrier traditionnel. Pour échanger des messages, il vous faut :

Une adresse e-mail

C'est, comme pour le courrier postal, « l'adresse » à laquelle vous recevrez votre courrier. Elle est unique et personnelle. En principe, vous en avez déjà une, peut-être même sans le savoir : lorsque vous vous abonnez à l'Internet, votre fournisseur d'accès vous en crée une automatiquement.

Une boîte aux lettres

Il s'agit en fait d'un programme spécial, qui se trouve sur votre ordinateur, dédié à la réception et à l'émission des messages. Il existe plusieurs programmes de ce type. L'un d'entre eux, Windows Mail, est gratuit et se trouve par défaut sur tous les ordinateurs tournant sous Windows Vista.

Comme vous pouvez le constater, vous *avez* déjà tout ce qu'il vous faut pour vous mettre à l'e-mail sans plus attendre. Vous êtes convaincu par ses atouts ?

Alors, examinons ces éléments en détail, et vous pourrez envoyer votre premier e-mail dans quelques minutes seulement.

Notez qu'il existe une dernière condition pour envoyer un message à un proche : celui-ci doit lui aussi posséder une adresse e-mail, bien entendu. Pour la connaître, une seule solution : la lui demander !

Votre adresse e-mail à la loupe

Vous avez déjà appris à décoder une adresse de site Web, du type `www.sncf.fr`, au cours des chapitres précédents. Vous allez à présent comprendre ce qu'est une adresse de messagerie, ou *adresse e-mail*.

Voici quelques exemples d'adresses :

`yasminalecomte@free.fr`

`Tom50@free.fr`

`Canari-bleu@caramail.com`

`53009@yahoo.fr`

La composition d'une adresse e-mail

Remarquez d'abord que chaque adresse est composée de trois parties :

- Une « expression » composée de lettres et/ou de chiffres. C'est ce qu'on appelle le *nom d'utilisateur* : `yasminalecomte`, `Tom50`, `Canari-bleu` ou `53009`, dans les exemples précédents.
- Le symbole @ (qui se dit « arobase » ou tout simplement « at », j'y reviendrai d'ici peu). C'est le point commun à toutes les adresses e-mail. Il est indispensable !
- Une dernière partie qui rappelle un peu la dernière partie d'une adresse Web (c'est-à-dire, sans les `www.` de début) : `hotmail.com`, `orange.fr`, `free.fr`, *etc.*

La traduction d'une adresse en langage « humain »

Voici maintenant quelques explications qui peuvent vous être utiles lorsqu'un proche vous communique son adresse e-mail ou que vous souhaitez lui donner la vôtre, en particulier par téléphone !

En fait, littéralement, la *traduction* d'une adresse e-mail comme :

`yasminalecomte@free.fr`

est :
« Yasmina Lecomte chez Free.fr »

Mais, attention, elle se prononce :
«yasmina lecomte at free point F R »

Un autre exemple ?

`Claudine-Gerard123@hotmail.com`

se dit :
« claudine tiret gerard (sans accent) 1 2 3 (en chiffres) at hotmail point com »

Vous pouvez dire « arobase » au lieu de « at » si cela vous semble plus naturel, on vous comprendra sans problème ! Notez que vous ne rencontrerez jamais de caractères accentués dans une adresse e-mail, car ils ne sont pas autorisés. De plus, dans une adresse e-mail, aucune distinction n'est faite entre les majuscules et les minuscules.

Comment obtenir une adresse e-mail ?

Lorsque vous souscrivez un abonnement à l'Internet auprès d'un fournisseur d'accès à l'Internet, comme Orange, Free, AOL, Cegetel ou Club Internet, vous obtenez automatiquement une adresse e-mail.

Le nom qui figure en début d'adresse vous a d'ailleurs été demandé au moment de l'inscription. Il est conseillé d'utiliser son prénom (ou l'initiale de son prénom) et son nom, tout simplement accolés, ou séparés par un point ou un tiret. Par exemple, mon adresse e-mail est :

`yasminalecomte@free.fr`

Cette adresse m'a été fournie par mon fournisseur d'accès à l'Internet : Free.

C'est la manière la plus simple d'obtenir une adresse e-mail. Sachez toutefois qu'il en existe d'autres : de nombreux sites

Web offrent gratuitement une adresse e-mail sur simple inscription. Néanmoins, certaines options, comme l'accès à votre messagerie par un logiciel de courrier électronique comme Windows Mail, dont nous parlerons au chapitre qui suit, sont payantes.

Des sites délivrant une adresse e-mail gratuite

Il existe des sites spécialisés, dont la principale raison d'être est d'offrir une adresse e-mail. Voici deux exemples :

Windows Live Mail (anciennement **Hotmail**) - `www.windowslive.fr/mail`

gMail - `www.gmail.com`

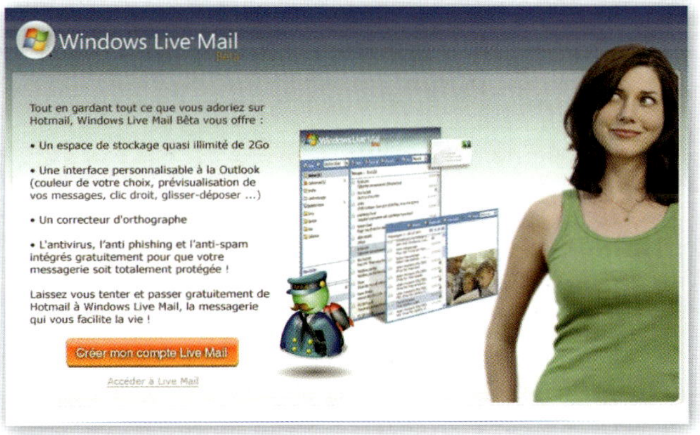

Rendez-vous sur ces sites pour vous inscrire en quelques étapes simples et obtenir une adresse e-mail.

Pour plus d'informations sur les sites Web qui offrent gratuitement une adresse e-mail et leur utilisation, consultez l'ouvrage **Je communique par l'Internet**, paru également dans la collection Spécial Débutants, aux Éditions First.

KIT DE SURVIE

Minuscules et majuscules ont-elles une importance dans les adresses e-mail ?

Non, dans une adresse e-mail, peu importe la casse des caractères.

Y a-t-il des caractères interdits dans une adresse e-mail ?

Oui, certains caractères ne peuvent être utilisés dans une adresse e-mail : les caractères accentués, les espaces, un deuxième @, et certains signes comme Đ, $ ou £.

SVP, pensez à la ponctuation !

Un e-mail ressemble à un courrier écrit à la main, dans le sens où vous pouvez user et abuser de la ponctuation pour vous exprimer. N'hésitez pas à effectuer des retours à la ligne en appuyant sur **Entrée** et à utiliser des signes de ponctuation, comme les virgules, le point, le point d'exclamation, le point d'interrogation, *etc.*, pour animer votre message.

POUR RÉSUMER

- L'e-mail est un moyen rapide et gratuit de communiquer par l'Internet.
- Le mot « e-mail » désigne à la fois *la messagerie* en général (« l'e-mail ») et *un message* (« un e-mail »).
- Une adresse e-mail est du type `nom@site.fr`. Le caractère @ s'appelle « arobase » mais se dit aussi souvent « at ».
- Pour utiliser l'e-mail, il vous faut une adresse e-mail et une boîte aux lettres.
- Vous avez probablement déjà une adresse e-mail, fournie avec votre abonnement à l'Internet. Vous pouvez de toutes façons en obtenir une facilement et gratuitement grâce à divers sites Web.
- Une boîte aux lettres est en fait un programme spécialisé pour l'e-mail, fourni par défaut avec Windows (qui s'appelle Windows Mail sous Windows Vista et Outlook Express sous Windows XP).

Comment taper le caractère @ ?

Aux débuts de l'informatique, personne ne pensait que le caractère arobase servirait si souvent au quotidien, avec l'e-mail. Le symbole @ était alors très peu employé, et c'est d'ailleurs une des raisons qui ont poussé les inventeurs de l'e-mail à le choisir : il fallait bien trouver un caractère qui n'existe dans aucun nom de famille ou d'entreprise, par exemple. Le « @ » fut donc choisi... mais il est encore aujourd'hui placé sur le clavier au même endroit qu'à l'origine, ce qui le rend parfois difficile à trouver lorsque l'on débute !

Pour taper le caractère arobase, commencez par localiser le symbole @ sur le clavier. Il se trouve généralement sur la même touche que le chiffre 0 (ou 2, sur certains claviers), dans la rangée située au-dessus des lettres. Ensuite, appuyez simultanément sur :

- la touche **Alt Gr** (située à droite de la barre d'espace),
- la touche **où le symbole @ est visible**.

Appuyer « simultanément » signifie que vous devez en fait appuyer d'abord sur la touche **Alt Gr**, puis, sans la relâcher, sur la touche où le symbole @ est visible.

CHAPITRE 7

Échangez du courrier avec Windows Mail

Ce chapitre vous explique comment recevoir et envoyer vos premiers e-mails avec un programme appelé Windows Mail. Windows Mail est à la fois efficace, gratuit et disponible sur tous les ordinateurs équipés de Windows Vista. Vous apprendrez aussi à organiser vos messages et à gérer votre carnet d'adresses avec ce programme.

AU MENU

- **Découvrez Windows Mail**
- **Paramétrez votre compte Windows Mail**
- **Récupérez vos messages**
- **Répondez à un message reçu**
- **Écrivez un message de toutes pièces**
- **Envoyez un message à plusieurs destinataires**

Pourquoi utiliser Windows Mail ?

Tout simplement parce que ce programme de messagerie électronique est disponible sur tous les ordinateurs équipés de Windows Vista, et simple d'utilisation !

Windows Mail va vous servir de *programme de messagerie* et de *boîte aux lettres*. Vous pourrez :

- écrire et envoyer des messages,
- recevoir des messages et y répondre,
- conserver tous vos messages reçus et les organiser,
- gérer votre carnet d'adresses e-mail,
- et plein d'autres choses encore !

Windows Mail est un peu, à l'e-mail, ce qu'Internet Explorer est à la navigation sur le Web (voir chapitre 4) !

Avant de pouvoir faire quoi que ce soit, vous devez effectuer un réglage de Windows Mail selon votre adresse e-mail, autrement dit, créer un **compte de courrier Windows Mail**.

Commençons donc par effectuer ce réglage, pas à pas, de Windows Mail, pour recevoir et envoyer des messages.

Munissez-vous de la documentation fournie par votre fournisseur d'accès à l'Internet, car toutes les informations nécessaires pour cette opération très simple y figurent.

KIT DE SURVIE

J'utilise Windows XP et je n'ai pas Windows Mail

Windows Mail est un programme récent et fourni uniquement avec Windows Vista. Si vous n'utilisez pas cette dernière version de Windows, pas de problème. En effet, il existe un « ancêtre » de Windows Mail sur tous les ordinateurs équipés de Windows (dont Windows XP) : Outlook Express. Ce programme ressemble beaucoup à celui de Windows Vista, puisque les procédures de réglage et d'utilisation d'Outlook Express sont exactement les mêmes que celles que nous allons développer pour Windows Mail !

PAS À PAS

Créez un compte de courrier dans Windows Mail

1 La première étape consiste à démarrer Windows Mail. Pour cela, cliquez sur le bouton **Démarrer** de Windows puis sur **Tous les programmes**. Dans la liste, cliquez sur **Windows Mail**. Le programme se lance.

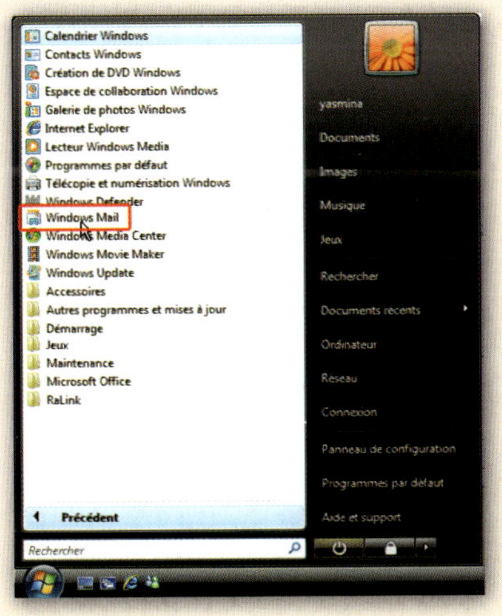

2 La fenêtre **Votre nom** apparaît immédiatement. Commencez par saisir votre nom complet (`Yasmina Lecomte`, dans l'exemple). Il s'agit bien ici de votre nom **réel** et non de votre nom d'utilisateur permettant d'accéder à votre connexion à l'Internet. Cliquez sur **Suivant**.

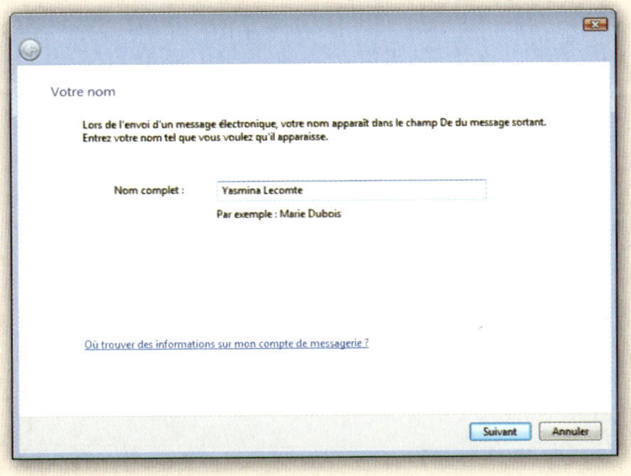

3 Tapez maintenant votre adresse e-mail. Vous avez choisi cette adresse au moment de votre abonnement à l'Internet et elle figure en principe dans la documentation que votre fournisseur d'accès vous a envoyée. Dans mon cas, par exemple, cette adresse est : yasminalecomte@free.fr

4 Cliquez sur **Suivant**.

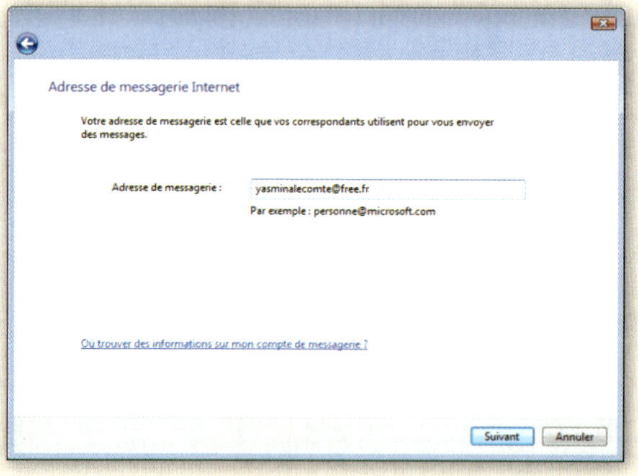

5 Vous devez ensuite taper les coordonnées de vos ***serveurs de messagerie***. Sans entrer dans les détails, ce sont simplement les noms des ordinateurs par lesquels transitent vos messages sur l'Internet, et auxquels Windows Mail doit se connecter pour récupérer/envoyer vos messages. Chaque fournisseur d'accès possède ses propres serveurs de messagerie. Pour Free, par exemple, ce sont, respectivement, **pop.free.fr** et **smtp.free.fr**. Ces paramètres figurent également dans la documentation que vous avez reçue.

6 Cliquez sur **Suivant**.

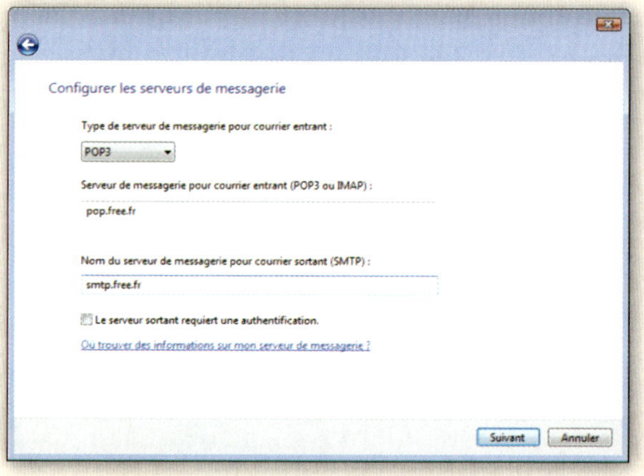

7 Saisissez votre nom d'utilisateur et votre mot de passe. Attention, ce ne sont pas vos nom d'utilisateur et mot de passe de ***connexion*** à l'Internet mais ceux de votre ***messagerie*** ! Dans l'exemple, le nom d'utilisateur est `yasminalecomte`. Ce nom d'utilisateur est généralement identique à la première partie de l'adresse e-mail. Quant à mon mot de passe, il est confidentiel, comme le vôtre !

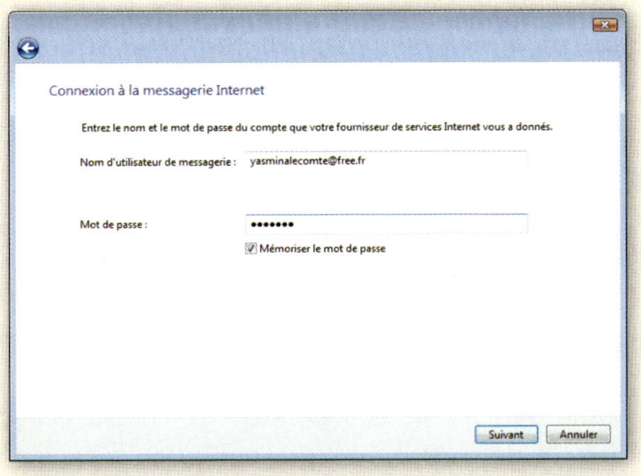

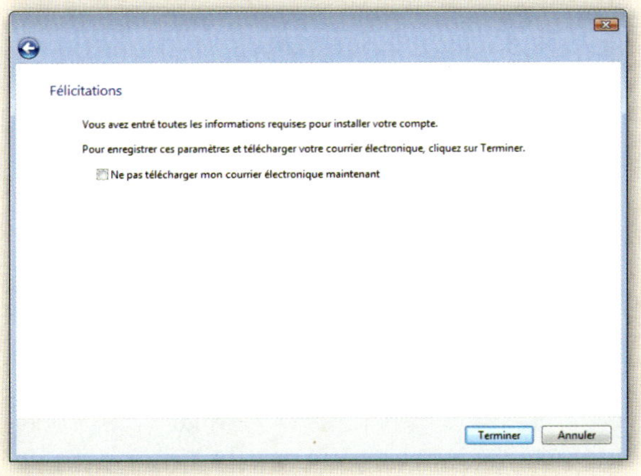

8 Laissez l'option **Mémoriser le mot de passe** activée. Cela vous épargnera de saisir votre mot de passe chaque fois que vous enverrez/recevrez du courrier.

9 Cliquez sur **Suivant**, puis sur **Terminer** et **Fermer**.

Et voilà ! Vous allez désormais pouvoir recevoir et envoyer des messages. D'ailleurs, Windows Mail va immédiatement récupérer tous les messages que vous avez déjà reçus, s'il y en a, à l'adresse e-mail que vous venez de programmer.

KIT DE SURVIE

Windows Mail démarre et récupère déjà mes messages sans aucun réglage !

Certains fournisseurs d'accès à l'Internet ont pensé à tout ! Au moment de l'installation de la connexion à l'Internet par CD-ROM, un compte Windows Mail a peut-être déjà été créé automatiquement pour votre adresse e-mail. Windows Mail est alors déjà programmé et prêt à recevoir vos messages. Vous n'avez aucun compte de courrier à créer. Passez à l'étape suivante.

La fenêtre *Votre nom* n'apparaît pas au lancement de Windows Mail

Dans ce cas, cliquez sur **Outils**, puis sur **Options** dans Windows Mail.

Dans la boîte de dialogue **Comptes Internet**, cliquez sur **Ajouter** puis sélectionnez **Comptes de messagerie**. Continuez à partir de l'étape numéro 2 du « Pas à pas » précédent.

Que signifient POP et SMTP ?

Ces termes désignent simplement des types d'ordinateurs utilisés pour gérer les e-mails, respectivement entrants et sortants, chez les prestataires qui offrent des adresses e-mail. Voici les adresses des serveurs des principaux fournisseurs d'accès à l'Internet :

Nom du fournisseur	Serveur POP	Serveur SMTP
Orange	`pop.orange.fr`	`smtp.orange.fr`
Free	`pop.free.fr`	`smtp.free.fr`
Cegetel	`pop.cegetel.net`	`smtp.cegetel.net`
Club Internet	`pop.club-internet.fr`	`smtp.club-internet.fr`
Neuf Telecom	`pop.neuf.fr`	`smtp.neuf.fr`
Alice	`pop.aliceadsl.fr`	`smtp.aliceadsl.fr`
AOL	`pop.fr.aol.com`	`smtp.fr.aol.com`

Ces informations sont données à titre indicatif et peuvent changer à tout moment. Consultez la documentation fournie par votre prestataire.

Récupérez et affichez vos messages

Il est temps, à présent, de vérifier si vous avez reçu du courrier. Évidemment, il est peu probable que vous en ayez déjà beaucoup, mais votre fournisseur d'accès vous a probablement envoyé des messages de bienvenue.

Vous pouvez aussi donner votre adresse e-mail à un proche, et lui demander, comme moi, de vous envoyer un premier message.

Pour recevoir vos messages, cliquez sur 

. Windows Mail affiche une boîte de dialogue indiquant la progression de l'opération. C'est aussi simple que cela !

Vos messages reçus s'affichent dans la **Boîte de réception**. Et voilà : vous venez de récupérer tous vos messages en attente. Dans l'exemple, une amie, Alex, m'a envoyé un message de test. De votre côté, vous avez probablement déjà reçu des messages de bienvenue ou des lettres d'information de la part de votre fournisseur d'accès à l'Internet, par exemple.

Double-cliquez sur un intitulé de message pour l'afficher dans sa propre fenêtre.

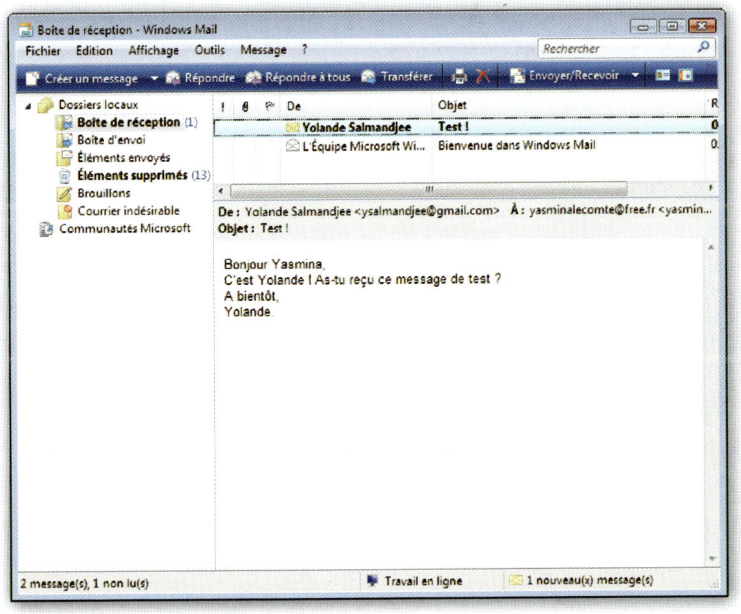

PAS À PAS

Répondez à un message

Si vous avez reçu un message, rien de plus facile que d'y répondre ! En effet, vous n'aurez même pas besoin de saisir l'adresse du destinataire. C'est automatiquement celle de l'expéditeur du message d'origine qui sera utilisée.

1 Pour répondre à un message, commencez par l'afficher dans Windows Mail, comme expliqué ci-dessus. Dans l'exemple, j'ai choisi de répondre au message de mon amie, dont l'objet est « **Test !** ».

2 Cliquez sur le bouton **Répondre** dans la fenêtre du message.

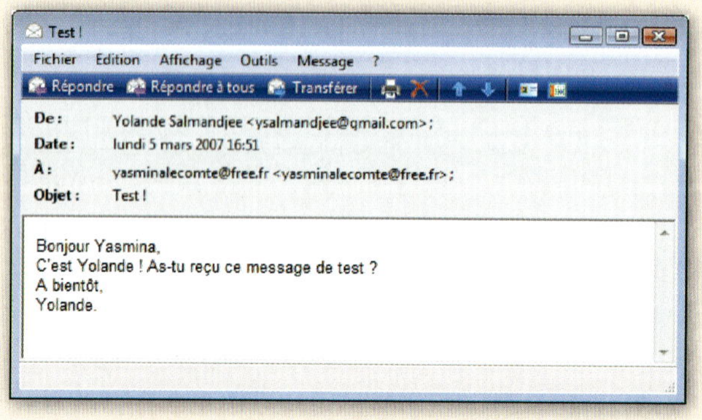

3 Un nouveau message est créé, avec plusieurs champs déjà remplis : le destinataire, mais aussi l'objet. Les caractères **Re:** indiqueront à votre destinataire que vous répondez au message portant le même intitulé.

Dans l'exemple, l'objet de mon message de réponse est donc « **Re: Test !** ». C'est bien pratique pour suivre une conversation, surtout si vous échangez de nombreux e-mails ! Vous pouvez toutefois modifier cet objet : il suffit de cliquer dans la zone **Objet** et de modifier le texte qui s'y trouve.

4 Le message d'origine est reporté dans la zone d'édition. Encore une fois, ceci permet à votre destinataire de voir le message auquel vous répondez. Vous pouvez alors taper votre réponse.

5 Cliquez sur **Envoyer** pour envoyer le message. Le tour est joué !

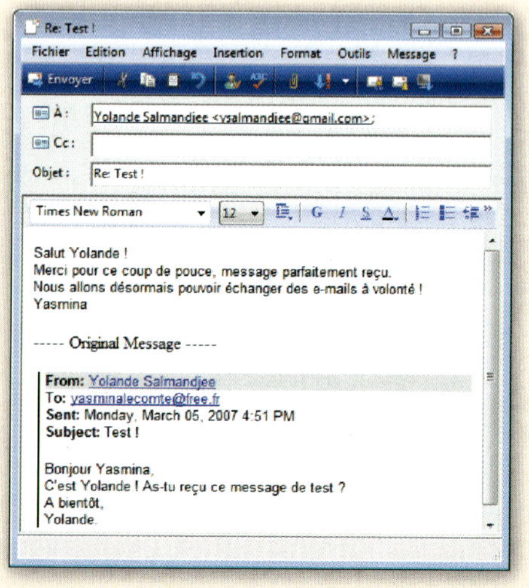

PAS À PAS

Écrivez un message

Vous savez désormais recevoir des e-mails et y répondre… C'est plutôt simple, vous en conviendrez !
À présent, *à votre tour* de créer de toutes pièces un message avec Windows Mail puis de l'envoyer. Pour ce faire, vous devez être connecté à l'Internet.

1 Cliquez sur le bouton **Créer un message** dans la fenêtre principale de Windows Mail.

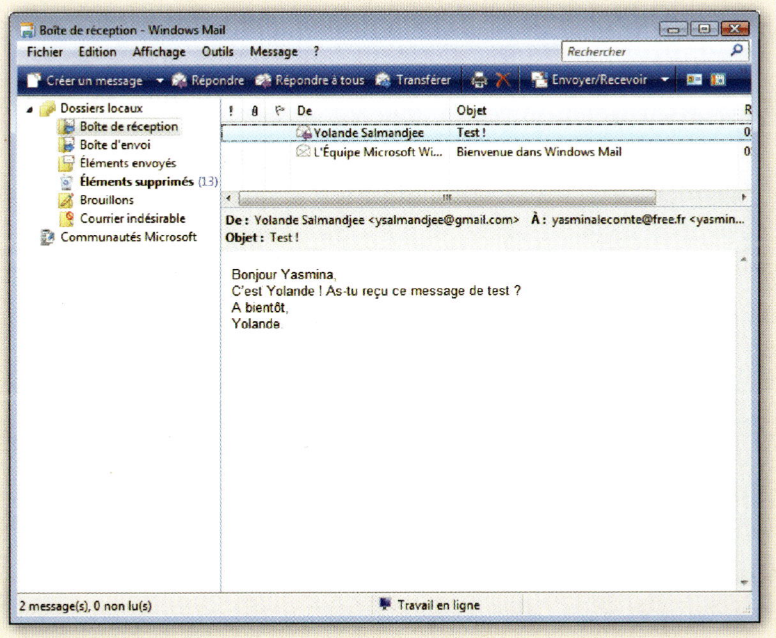

2 La fenêtre de composition d'un message apparaît. Commencez par cliquer dans la zone **À :**, puis saisissez l'adresse e-mail de votre destinataire. Dans l'exemple, j'envoie un message à mes beaux-parents Claudine et Gérard, dont l'adresse est :

`claudine-gerard@free.fr`

Suggestion : si vous n'avez pour l'instant aucune adresse e-mail d'ami sous la main, vous pouvez toujours **nous** écrire pour nous dire ce que vous pensez de cet ouvrage ! Notre adresse est :

`firstinfo@efirst.com`

3 Cliquez dans la zone **Objet** et saisissez l'intitulé de votre message. Cet intitulé n'est pas obligatoire, mais permettra à votre destinataire de connaître la teneur de votre message. Comme je l'ai expliqué précédemment, il est possible de conserver tous ses e-mails si on le souhaite. Choisir un objet pertinent permettra donc aussi à votre interlocuteur de retrouver facilement votre message, si nécessaire. Dans l'exemple, l'objet est limpide !

4 Cliquez dans la zone d'édition principale et écrivez votre message. La longueur d'un e-mail n'est pas limitée... en théorie ! Vous pouvez écrire des centaines de lignes si vous le souhaitez. Néanmoins, n'oubliez pas que l'e-mail est un moyen de communiquer rapidement. En règle générale, vos interlocuteurs préféreront un message relativement concis !

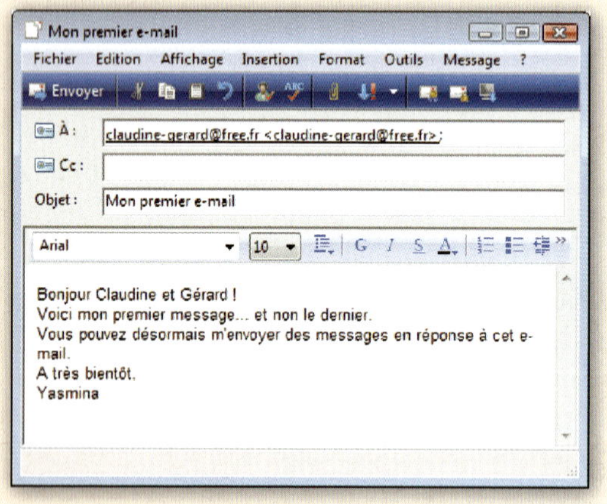

Voilà donc la manière la plus simple de créer un nouveau message, à l'attention d'un seul destinataire. Or, contrairement à un courrier traditionnel, qui exigerait de faire plusieurs photocopies du message à envoyer, et autant d'enveloppes et de timbres supplémentaires, avec l'e-mail, vous pouvez envoyer en une seule opération un même message à de **multiples destinataires**. Sachez aussi qu'en plus des copies simples, vous pouvez envoyer des *copies cachées*. Ainsi, un destinataire peut recevoir un message de manière confidentielle, à l'insu de tous les autres destinataires ! Enfin, sachez que vous pouvez aisément **transférer** un message reçu, tel quel ou modifié. Voyons à présent comment faire tout cela.

5 Lorsque vous avez terminé, cliquez sur **Envoyer** pour envoyer le message.

6 Vérifiez que votre message a bien été envoyé : cliquez sur **Éléments envoyés**. Vous constaterez que le message s'y trouve : vous venez d'envoyer votre premier message !

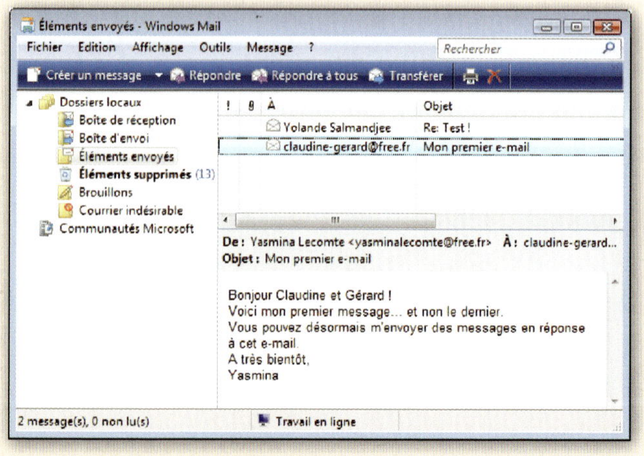

PAS À PAS

Envoyez un message à plusieurs destinataires

Lorsque vous créez un message de toutes pièces, vous pouvez décider de l'envoyer à plusieurs destinataires.

1 Pour cela, rien de plus facile : séparez simplement par des points-virgules les adresses des différents destinataires dans le champ **À :**.

2 Pour mettre des destinataires en copie, saisissez les adresses séparées par des points-virgules dans le champ **Cc :**.

Dans l'exemple, je souhaite envoyer mon message à quatre destinataires, dont un est en copie. Cela me permet de m'adresser aux trois destinataires principaux, tout en mettant le quatrième « au courant » du message.

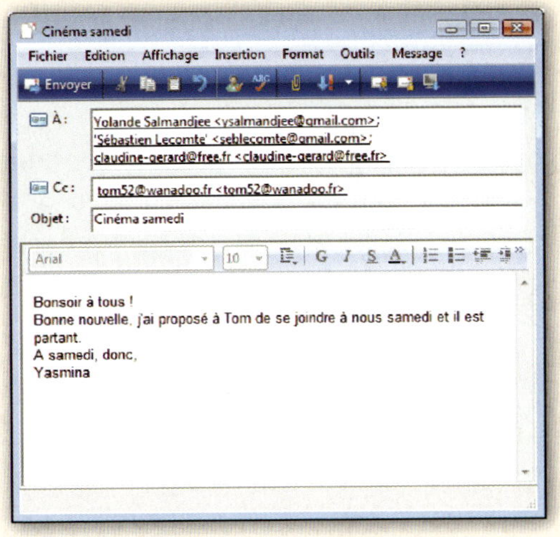

PAS À PAS

Jouez à cache-cache !

Pour envoyer une *copie cachée*, vous devez utiliser un champ spécial, appelé **Cci :** , le « i » dans « Cci » signifiant « invisible ».

1 Pour ajouter un destinataire en copie cachée, saisissez son adresse dans le champ **Cci :**. Dans mon exemple, je souhaite que Tom (`tom52@wanadoo.fr`) reçoive une copie du message « **Confidentiel** » envoyé à mon amie Yolande. Néanmoins, le destinataire principal, Yolande donc, n'aura aucun moyen de savoir qu'une copie invisible a été adressée à Tom.

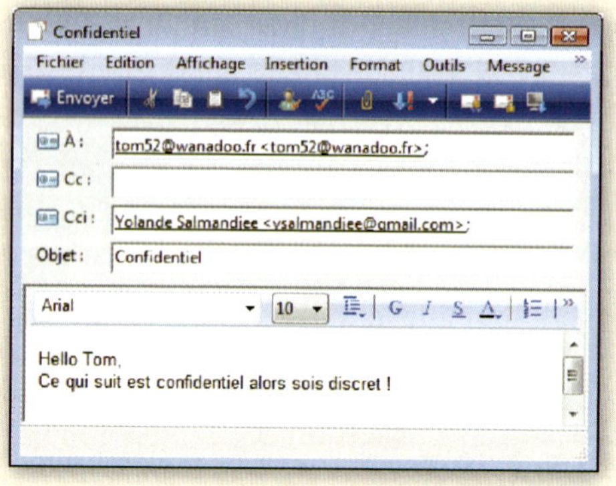

2 Si vous ne voyez pas le champ **Cci :**, cliquez sur **Affichage → Tous les en-têtes**.

Lorsque vous utilisez le champ Cci :, aucun des destinataires du message ne peut savoir qui a reçu une copie cachée.

Les options de réponses avec destinataires multiples

Lorsque vous recevez un message envoyé à plusieurs destinataires, vous avez le choix entre deux possibilités lorsqu'il s'agit d'y répondre.

Scénario 1

Répondez uniquement à l'expéditeur du message

Pour cela, cliquez sur le bouton **Répondre**. La procédure est la même que lorsque vous êtes l'unique destinataire d'un message. C'est ce que nous avons fait précédemment. Dans l'exemple, je réponds donc uniquement à **Yolande**, l'expéditeur d'origine du message.

Scénario 2

Répondez à l'expéditeur *et* à tous les destinataires du message d'origine

Cliquez alors sur **Répondre à tous**. Le message de réponse apparaît, avec l'adresse de l'expéditeur et celles de **tous les destinataires** du message d'origine reportées dans le champ **À :** et séparées par des points-virgules. Dans l'exemple, je réponds non seulement Yolande, l'expéditeur du message, mais aussi à tous les autres destinataires d'origine de ce message, **Sébastien**, et **Claudine et Gérard**.

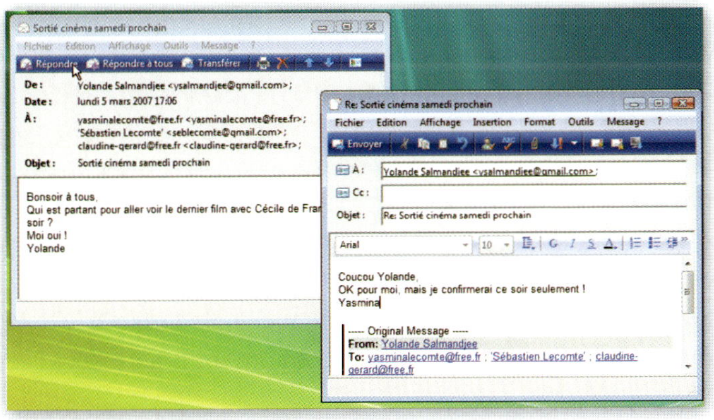

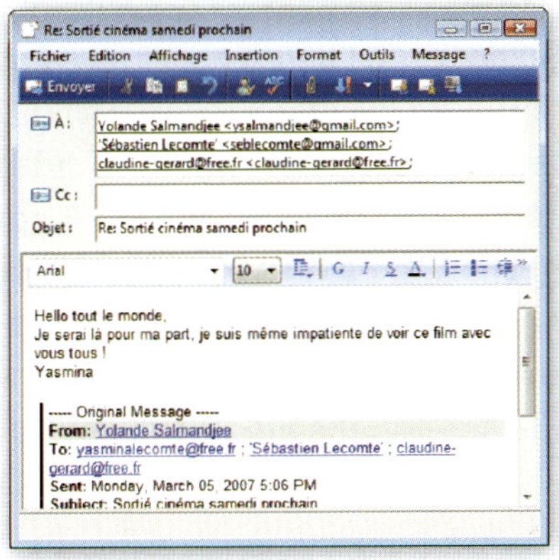

KIT DE SURVIE

Lorsque je clique sur Envoyer après avoir écrit un message, celui-ci n'apparaît pas dans les messages envoyés

Commencez par vérifier si le message se trouve dans la **Boîte d'envoi**. S'il y est encore, c'est que Windows Mail est prêt à envoyer le message mais ne l'a pas encore fait. Cliquez alors sur **Envoyer et recevoir** pour envoyer tous les messages qui se trouvent dans la **Boîte d'envoi**.

Pourquoi des messages apparaissent-ils en gras dans la Boîte de réception ?

Pour vous aider à suivre votre correspondance, Windows Mail affiche **en gras** les messages non lus. Lorsque vous avez affiché un message pour le lire, son intitulé n'apparaît plus en gras.

Windows Mail et Outlook Express, c'est pareil ?

Vous avez peut-être déjà entendu parler d'un programme appelé **Outlook Express**. Sachez que ce programme est tout simplement l'ancêtre de Windows Mail, dans les versions antérieures de Windows, comme Windows XP.

J'ai reçu un message dont l'objet commence par Tr. Qu'est-ce que cela signifie ?

Dans Windows Mail, lorsque vous transférez le message, le programme ajoute les caractères « Fw:», pour « *forward* », « transfert » en anglais, devant l'objet du message d'origine. D'autres programmes utilisent les caractères « Tr:», comme « transfert »... en français !

Que signifient Cc et Cci ?

Cc signifie « copie carbone ». Autrement dit, le message envoyé est une copie exacte de l'original. *Cci* signifie « copie carbone invisible ».

POUR RÉSUMER

- Windows Mail est le logiciel idéal pour recevoir, envoyer et gérer vos messages.
- Vous devez pour commencer créer un compte avec vos paramètres de messagerie, fournis par votre fournisseur d'accès à l'Internet.
- Il y a deux façons simples d'écrire un message : le créer de toutes pièces ou répondre à un message reçu.
- Faire suivre un message est un moyen astucieux de transmettre une information en un minimum de temps.
- Les copies et les copies cachées permettent d'envoyer des messages à plusieurs destinataires, en toute discrétion si nécessaire !

Tout ce que vous pouvez envoyer grâce à l'e-mail

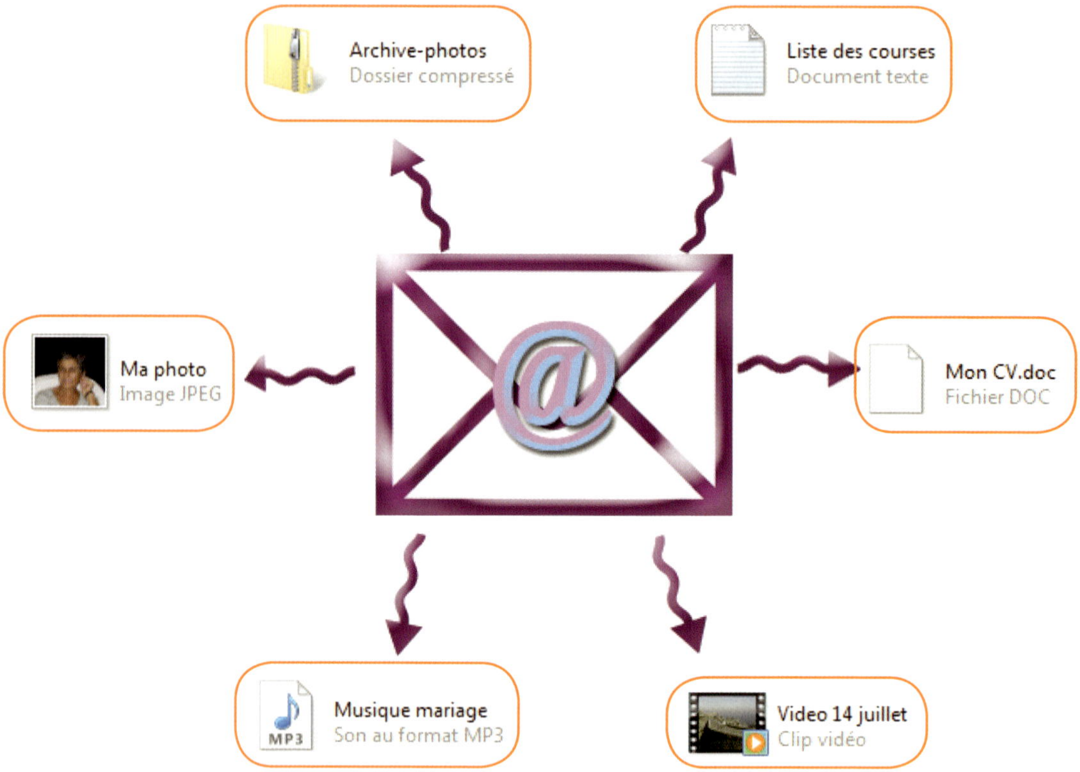

CHAPITRE 8

Partagez des documents par e-mail

Ces dernières années, l'e-mail a réellement modifié la manière de communiquer. La raison en est évidente, surtout si on compare le courrier électronique au courrier traditionnel. Vous avez découvert au chapitre précédent deux des principaux avantages de l'e-mail sur le courrier postal : la gratuité totale, mais également la rapidité fulgurante de transmission des messages. En effet, pas besoin de timbre : le coût d'envoi d'un e-mail est absolument nul ! Par ailleurs, lorsque vous envoyez un message, votre correspondant le reçoit immédiatement.

Ce chapitre vous permet de découvrir un des autres atouts de l'e-mail, qui a fortement contribué à sa popularité : l'envoi de pièces jointes, c'est-à-dire de documents ou d'images, par exemple, en accompagnement du message.

AU MENU

Encore plus d'avantages que le courrier traditionnel !

En plus d'être gratuit, rapide, de contribuer au respect de l'environnement (en économisant du papier) et de vous rendre indépendant des éventuelles grèves de La Poste, l'e-mail offre plusieurs possibilités intéressantes.

Un des atouts très appréciés de l'e-mail est qu'il offre la possibilité d'envoyer, entre autres, des documents, des photos ou des chansons en accompagnement d'un message.

Si on veut lister, cette fois, les inconvénients de l'e-mail par rapport au courrier traditionnel, il faut reconnaître qu'un message électronique n'a pas la chaleur humaine d'une belle lettre écrite à la main, parfois attendue avec impatience. En outre, on ne peut joindre d'objet matériel à un e-mail !

Une remarque toutefois : qui a dit qu'on devait faire un choix entre les deux ? Rien ne vous empêche d'utiliser l'e-mail lorsque cela vous arrange, mais de continuer à envoyer du courrier par La Poste quand c'est nécessaire !

Tout sur les pièces jointes

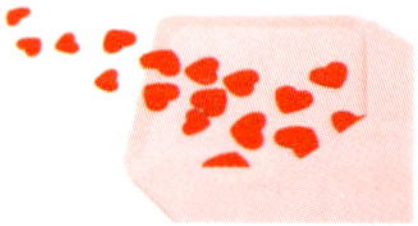

L'e-mail permet d'envoyer du simple texte mais également des images et des photos, par exemple. C'est ce qu'on appelle l'envoi de *pièces jointes*.

C'est simple : à peu près n'importe quel document se trouvant sur un ordinateur peut être envoyé par e-mail. Il existe toutefois une restriction : la taille de ce document.

Premièrement, les fournisseurs d'accès à l'Internet imposent eux-mêmes une limite au-delà de laquelle l'envoi ou la réception vous seront tout simplement refusés.

Ensuite, même si *votre* connexion à l'Internet est rapide, ce n'est pas forcément le cas de votre correspondant, chez qui la réception d'une pièce jointe volumineuse peut exiger du temps !

Enfin, dans certains cas, comme pour les photos, en particulier, il est absolument inutile pour la qualité d'affichage d'envoyer une image très volumineuse.

Il existe d'ailleurs pour l'e-mail quelques « règles de bonne conduite »… À commencer par éviter de « polluer » les boîtes aux lettres de vos destinataires avec des messages trop volumineux (je reviendrai sur ce point d'ici peu et vous donnerai une méthode pour évaluer la taille d'un message avant de l'envoyer).

En dehors de cette contrainte, vous pouvez envoyer :

- des images, des photos ou des graphiques,
- des documents Word ou Excel,
- des documents sonores,
- des (petites) vidéos,
- des archives (au format ZIP, par exemple).

C'est un moyen très pratique d'échanger des documents avec vos proches ! C'est aussi, malheureusement, le moyen le plus efficace qu'aient trouvé les virus pour se propager grâce à l'Internet. Mais, avant d'aborder ce sujet, voyons comment recevoir et envoyer des documents par e-mail.

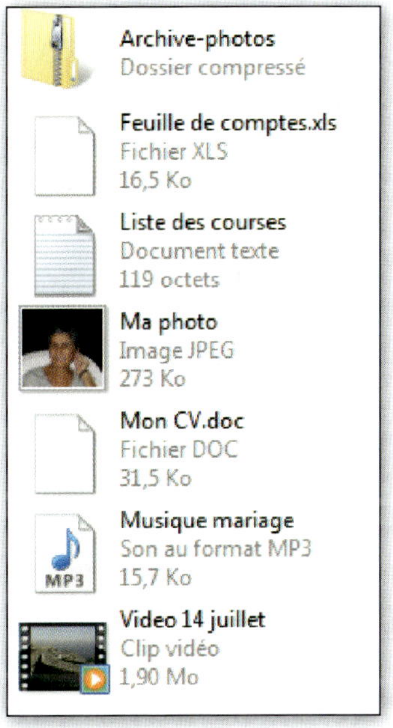

Envoyez et recevez des pièces jointes

Pour envoyer une pièce jointe avec un e-mail, c'est simple. Il suffit d'indiquer à Windows Mail le document que vous souhaitez joindre au message. Cela s'appelle *attacher* ou *joindre* le document au message et se fait en deux clics à peine.

Le message est ensuite envoyé, exactement comme un message ordinaire, et votre correspondant reçoit une copie du document attaché en pièce jointe. Le document original reste sur votre ordinateur !

Inversement, lorsque vous recevez un e-mail contenant une pièce jointe, un symbole spécial ( ) vous indique qu'un document y est attaché.

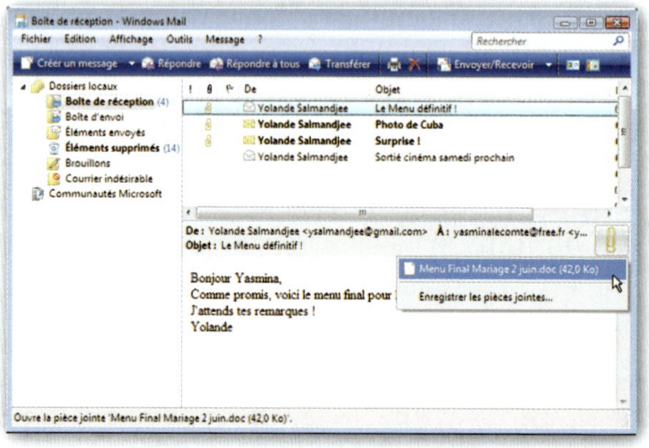

Vous pouvez alors afficher la pièce jointe, mais aussi l'enregistrer dans vos documents pour une utilisation ultérieure. Vous pouvez aussi tout simplement ignorer cette pièce jointe et ne pas l'ouvrir ! Dans certains cas, c'est même tout à fait recommandé. Je reviendrai sur ce sujet à la fin du chapitre.

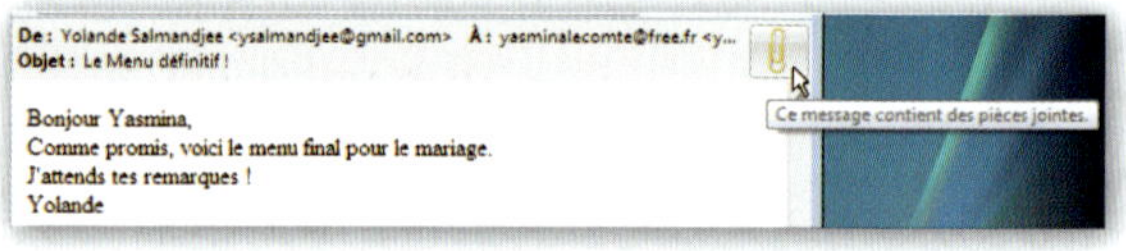

Voyons comment faire tout cela.

PAS À PAS

Ouvrez et enregistrez une photo reçue par e-mail

Lorsque vous recevez des images ou des photos, Windows Mail les affiche directement sous le texte du message (ce qui n'est pas le cas avec un document texte ou une vidéo, par exemple).

Si vous souhaitez seulement voir la photo, vous pouvez donc simplement afficher le message, et en rester là. Si la photo vous plaît et que vous préfériez l'enregistrer dans vos documents, voici comment faire :

1 Affichez le message reçu contenant la photo. Windows Mail affiche le nom de la pièce jointe dans la zone **Joindre**. Dans l'exemple, le nom de l'image est « **PhotoNaissance.jpg** ».

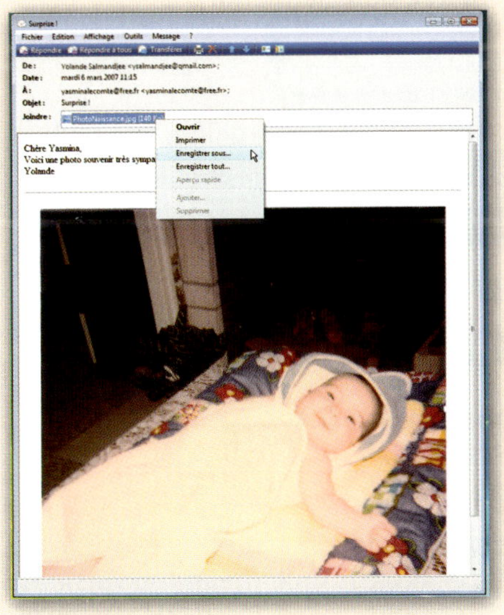

2 Cliquez avec le bouton *droit* sur le nom de la pièce jointe, puis cliquez sur **Enregistrer sous**.

3 Dans la boîte de dialogue, choisissez le dossier dans lequel vous souhaitez sauvegarder la photo – **Images**, par exemple –, puis cliquez sur **Enregistrer**.

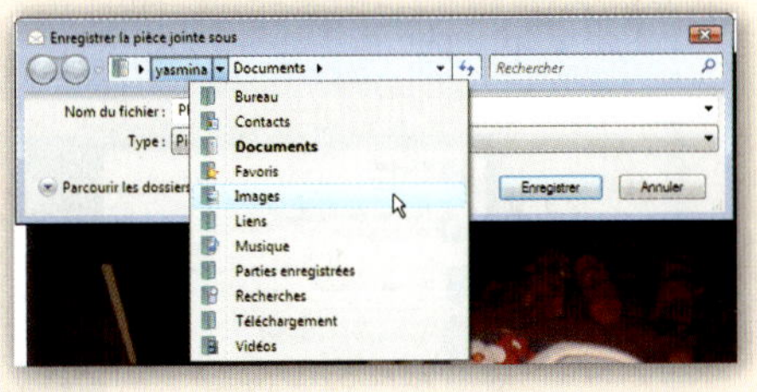

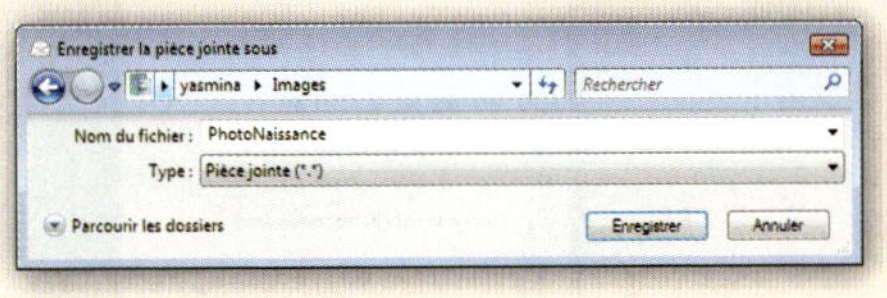

Et voilà ! La photo est désormais enregistrée dans vos documents. Vous pouvez l'ouvrir, l'imprimer, voire l'envoyer par e-mail à toute votre famille. C'est ce que nous allons apprendre à faire… immédiatement !

Voyons maintenant comment joindre un document de tout type, mais, cette fois, dans un message Windows Mail existant déjà, ce qui sera le cas lorsque vous répondrez à un message reçu ou transférerez un e-mail, par exemple.

Commencez par créer un nouveau message ou par répondre à un message reçu. Remarque : si vous indiquez plusieurs destinataires (comme expliqué au chapitre précédent), chacun recevra le message, avec une copie des pièces jointes.

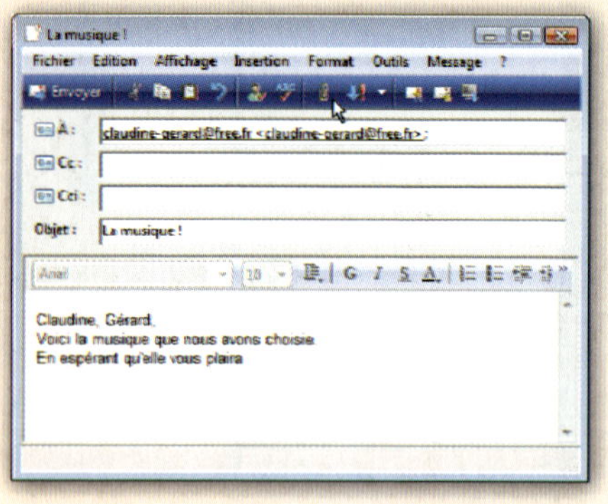

1 Cliquez sur le bouton .

2 Dans la boîte de dialogue **Ouvrir**, trouvez le document à envoyer parmi vos dossiers et cliquez sur son nom. Cliquez ensuite sur **Ouvrir**. Dans l'exemple, je souhaite envoyer le document **Musique Mariage**, pour commencer.

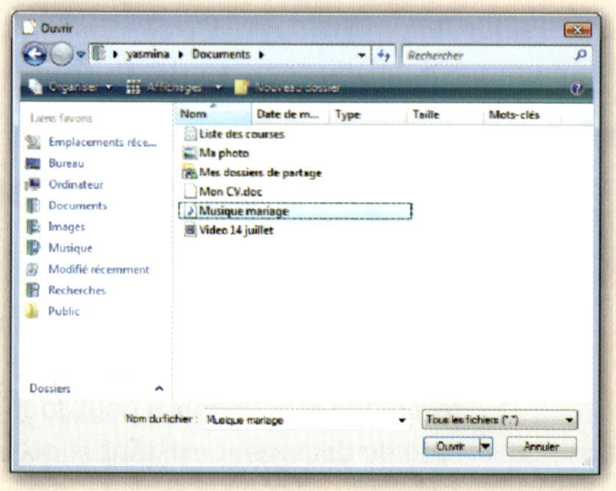

3 Le document apparaît dans la zone **Joindre** du message.

4 Vous pouvez réitérer l'opération et joindre d'autres documents, même de type différent, au message. Si vous souhaitez joindre une image dont vous savez que la taille est raisonnable, vous pouvez aussi procéder de la sorte. Une fois que vous avez inséré toutes les pièces jointes souhaitées, cliquez sur **Envoyer** pour expédier le message.

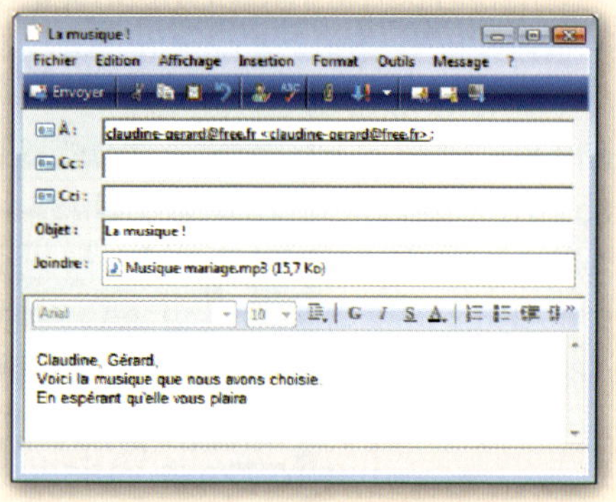

Documents joints et virus : attention, danger !

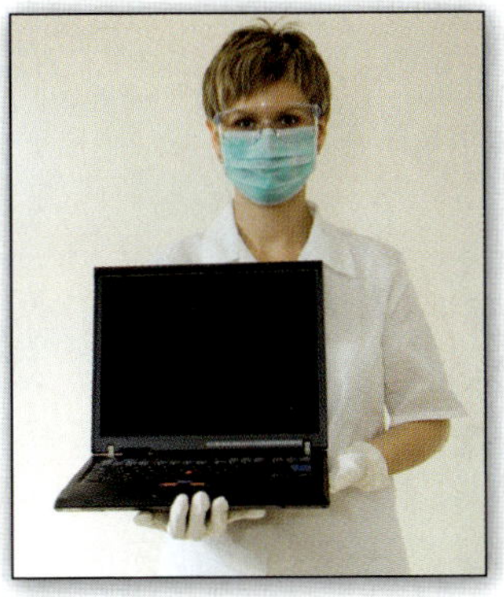

Pour finir cette présentation des pièces jointes, voici quelques conseils concernant la sécurité. Les documents envoyés par e-mail sont en effet la source principale de contamination des ordinateurs par les virus de tous genres !

Vous pouvez avoir un virus, à votre insu, et, en envoyant un document contaminé, contribuer à sa propagation. Certains virus sont encore plus sournois : ils parviennent à envoyer à tous les correspondants de votre carnet d'adresses un message contaminé, sans que vous vous en rendiez même compte.

Il est donc très important d'adopter un comportement prudent lorsque vous recevez des messages, et d'utiliser un bon antivirus. Et comme deux précautions valent mieux qu'une, pensez à vérifier systématiquement avec votre antivirus les documents avant de les envoyer et, surtout, les documents reçus avant de les ouvrir. Malheureusement, cela ne suffit pas : certains virus parviennent à se propager avant même que « l'antidote » fourni par l'antivirus ne soit créé !

Voici quelques règles à observer, en toutes circonstances, lorsque vous recevez un document par e-mail :

- Si l'expéditeur vous est inconnu, méfiance ! Il est même conseillé de supprimer directement le message.
- Si vous connaissez l'expéditeur mais trouvez que la pièce jointe, que vous n'attendiez pas, est « suspecte » (de par son nom, par exemple), encore une fois, prudence. Passez l'antivirus avant d'ouvrir le document.
- Si le document joint est du type `nom.zip` (document « compressé »), passez l'antivirus avant de l'ouvrir.
- N'ouvrez jamais les pièces jointes si ce sont des *programmes*. Vous pouvez les repérer à leur nom, du type `nom.exe`, `nom.scr` ou `nom.pif`. Ce sont les plus dangereux !
- Notez enfin que la plupart des virus se répandent *via* des messages rédigés en anglais. Vous n'aurez donc

probablement aucun mal à les déceler (à moins que vous n'ayez beaucoup de correspondants anglophones).

- En résumé : en cas de doute, privilégiez toujours d'ignorer le message.

Un chapitre entier de cet ouvrage est consacré à l'installation et à l'utilisation d'un bon antivirus. Ne faites pas l'impasse sur ce thème !

KIT DE SURVIE

Comment faire pour envoyer et réduire plusieurs images en une seule opération ?

Il suffit de sélectionner plusieurs images dans l'explorateur de fichiers Windows (en appuyant sur la touche **Ctrl** et en cliquant successivement sur les icônes dans l'explorateur, par exemple), avant de cliquer sur **Courrier électronique**. Windows va alors s'occuper de toutes les images d'un coup !

POUR RÉSUMER

- Grâce à l'e-mail, vous pouvez envoyer des pièces jointes, c'est-à-dire des documents de toute sorte, à un ou plusieurs correspondants.
- Enregistrer une photo reçue par e-mail est très facile et vous permettra une visualisation ultérieure, sans passer par Windows Mail.
- Attention à la taille des images que vous envoyez par e-mail : il est inutile d'envoyer des photographies trop grandes, surtout si le destinataire n'a pas l'intention de les imprimer !
- Windows permet d'envoyer facilement des images, en les réduisant selon vos besoins, mais aussi toutes sortes de documents se trouvant sur votre ordinateur.
- Vous pouvez aussi joindre un ou plusieurs documents à un message Windows Mail existant. Il suffit de cliquer sur le bouton Ouvrir et de sélectionner les documents.
- Lorsque vous recevez une pièce jointe, vous pouvez l'afficher ou l'enregistrer dans vos documents. Mais, si vous avez le moindre doute, il est conseillé de ne pas l'ouvrir. Les pièces jointes sont en effet propices à la diffusion des virus. Prenez vos précautions avant d'ouvrir un document reçu.

Le principe du dialogue avec Messenger

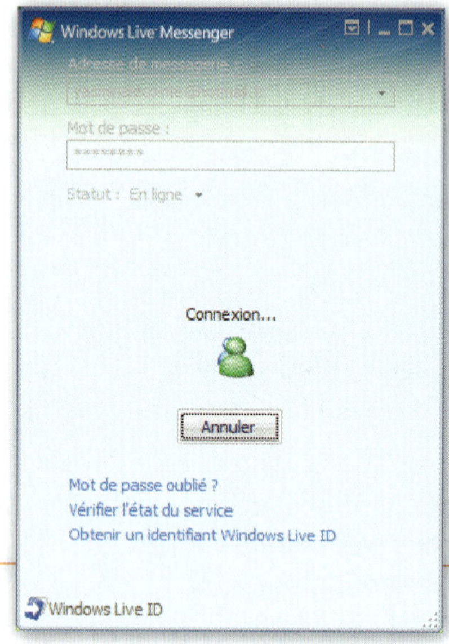

1 Connectez-vous à Messenger.

2 Découvrez qui parmi vos contacts est aussi « en ligne ».

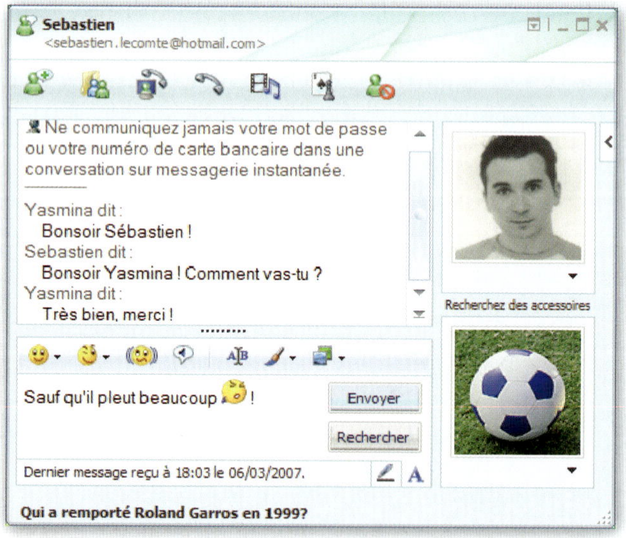

3 Dialoguez !

CHAPITRE 9

Avec Messenger, restez en contact !

Vous savez désormais tout sur l'e-mail. Malgré ses nombreux atouts, vous trouverez peut-être que la messagerie manque un peu d'interactivité. C'est donc le bon moment pour vous présenter la *messagerie instantanée* avec Messenger. Vous avez probablement déjà entendu parler de ce petit programme qui fait fureur auprès des internautes du monde entier, toutes générations confondues.

Certains l'appellent aussi « MSN ». Il permet principalement de dialoguer en direct avec ses proches, mais aussi d'échanger des documents et d'organiser des visioconférences par webcam ! Dans ce chapitre, vous allez le découvrir, apprendre à le configurer et lancer votre première discussion en direct.

AU MENU

- **Découvrez Messenger**
- **Créez un compte pour utiliser Messenger**
- **Conviez un contact ou acceptez l'invitation d'un proche**
- **Bavardez en ligne avec un proche**
- **Utilisez des émoticônes**
- **Personnalisez Messenger**

Ce qui va changer pour vous grâce à la messagerie instantanée

La messagerie instantanée, c'est un peu le meilleur compromis entre le téléphone et l'e-mail. En effet, la messagerie instantanée vous permet de dialoguer de manière interactive, par l'Internet, avec tous vos proches ! Le principe reste proche à la fois de l'e-mail, puisqu'on s'exprime essentiellement par écrit, et du téléphone, puisqu'on se parle et on se répond en direct, chacun son tour, comme dans une conversation orale !

Tout passe par l'Internet. C'est donc complètement gratuit, et instantané, que vous discutiez avec votre voisine de palier ou vos amis à l'autre bout du monde.

De chaque côté, il suffit d'une connexion à l'Internet. Et la liberté reste totale ; c'est encore mieux que le téléphone, qui vous incite à décrocher dès qu'il sonne. Avec la messagerie instantanée, c'est *vous* qui décidez, non seulement *avec qui* vous souhaitez discuter, mais aussi *quand* vous êtes disponible pour le faire.

Ah, j'oubliais : avec la messagerie instantanée, vous pouvez utiliser votre webcam et faire de la visioconférence !

La messagerie instantanée, c'est quoi ?

La messagerie instantanée est, comme je viens de l'expliquer, une sorte de compromis entre l'e-mail et le téléphone. Elle permet tout simplement de dialoguer (on dit aussi *chatter*, qui signifie « discuter ») de façon interactive avec une autre personne connectée à l'Internet.

Le dialogue en direct

Au lieu d'écrire puis envoyer un message à votre correspondant et attendre une réponse, vous ouvrez une fenêtre de dialogue avec la personne et, chaque fois que vous tapez une phrase, celle-ci la voit aussitôt dans la fenêtre de dialogue ouverte sur *son* ordinateur. Elle peut alors répliquer immédiatement, sa réponse s'affichant instantanément dans votre fenêtre de dialogue. Et ainsi de suite !

Messenger

Vous avez besoin pour cela d'un petit programme spécial, appelé « logiciel de messagerie instantanée ». C'est ici qu'entre en scène **Messenger**. Ce programme est à la messagerie instantanée ce qu'est Windows Mail à l'e-mail. Créé par Microsoft, il est installé sur les ordinateurs équipés de Windows XP et Vista. On le nomme parfois « MSN Messenger », mais son nom complet est désormais « Windows Live Messenger ».

Il existe d'autres logiciels de ce type, mais nous allons utiliser Messenger, le plus répandu à l'heure actuelle. Et cela a son importance, comme vous allez le découvrir dans la section qui suit.

Quelques règles

Utiliser la messagerie instantanée impose quelques contraintes. Tout d'abord, vous devez posséder un *compte* ou *identifiant Messenger*. Ce terme désigne simplement un compte utilisateur.

Mais, pour discuter avec un proche :

- Lui aussi doit avoir un compte Messenger.
- Vous devez indiquer à Messenger que ce proche est un de vos *contacts* et, par la même occasion, inviter ce proche à rejoindre votre liste de contacts.
- Ce proche doit *accepter* de faire partie de votre liste de contacts.
- Pour pouvoir initier une discussion, votre contact doit être connecté à l'Internet en même temps que vous.
- Enfin, rien n'oblige ce contact à accepter de dialoguer avec vous au moment où vous le souhaitez !

Rassurez-vous, toutes ces conditions sont relativement faciles à réunir, avec un peu de bonne volonté ! Si Messenger rencontre un tel succès, c'est aussi grâce à cette notion de « tribu » constituée par l'utilisateur et sa famille, ses amis ou ses collègues, et à la liberté laissée à chacun d'accepter une invitation au dialogue ou non.

Nous allons à présent passer en revue les opérations à accomplir avant de pouvoir discuter avec Messenger.

Lancez Messenger

Pour commencer, vous allez créer un compte Messenger. Vous devez au préalable lancer le programme Messenger.

Cliquez sur **MSN Messenger** ou **Windows Live Messenger** dans le menu **Démarrer**.

Notez qu'un accès rapide est peut-être disponible directement dans la barre des tâches de votre Bureau. Dans ce cas, cliquez sur l'icône **Messenger**.

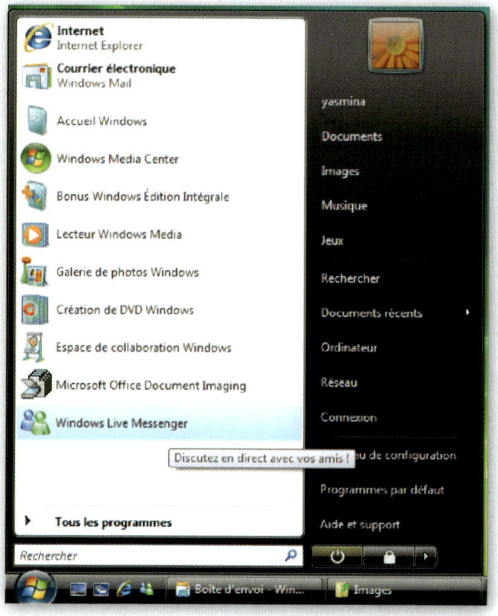

KIT DE SURVIE

Je ne vois pas Windows Live Messenger dans mes programmes !

Il est possible que le programme ne soit pas encore installé et disponible sur votre ordinateur. Pas de problème : en lieu et place, vous verrez « Télécharger Windows Live Messenger ». Cliquez sur cet élément pour télécharger en quelques clics et gratuitement le programme et l'installer sur votre ordinateur. La procédure est très simple et vous êtes guidé pas à pas par le programme.

PAS À PAS

Créez un compte Windows Live

Pour utiliser Messenger, vous devez disposer d'un compte spécial, appelé compte Windows Live. La création d'un tel compte est facile et gratuite, elle exige uniquement d'être connecté à l'Internet.

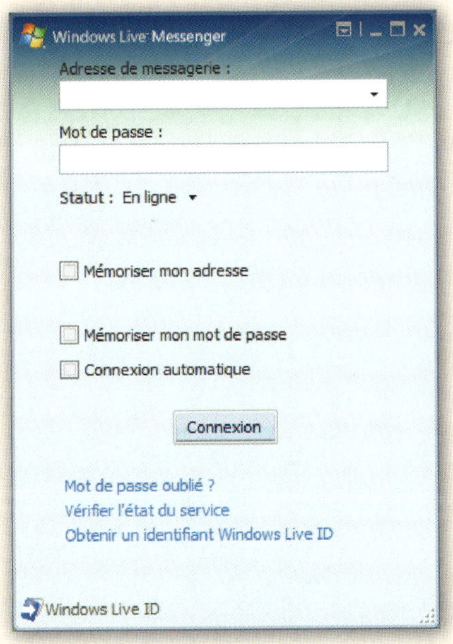

1 Après avoir lancé Messenger, cliquez sur **Obtenir un identifiant Windows Live ID**.

2 Une fenêtre s'ouvre dans Internet Explorer. Si un message de sécurité s'affiche, pas de panique, c'est tout à fait normal : cliquez sur **Autoriser** pour continuer.

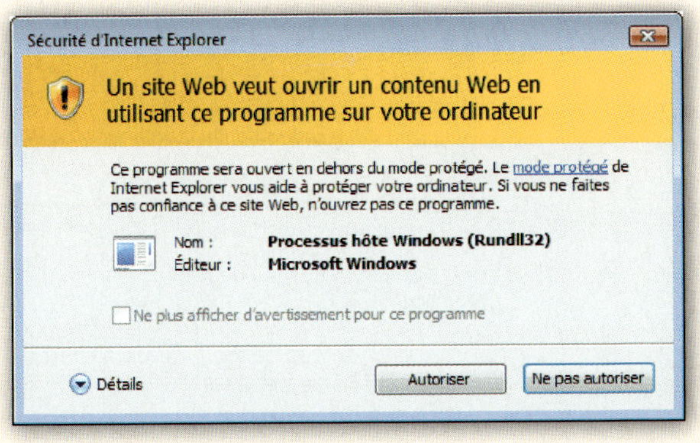

3 Cliquez sur **Inscription** dans la page Web qui s'affiche.

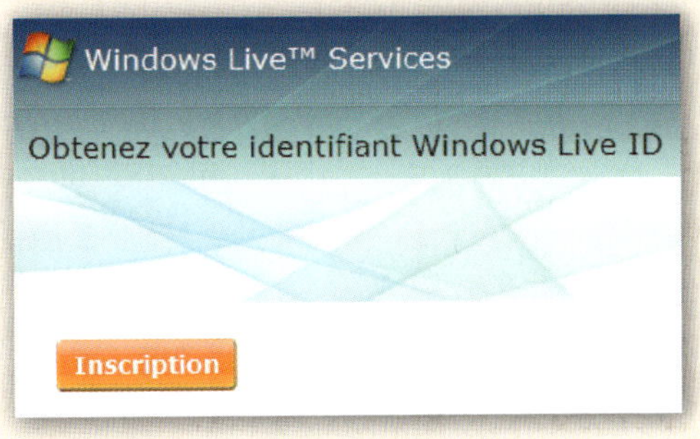

4 Saisissez ensuite toutes les informations demandées pour l'inscription : choisissez un identifiant (c'est-à-dire un nom pour votre compte ou un pseudo), puis un mot de passe. Saisissez une deuxième fois le mot de passe pour des raisons de sécurité.

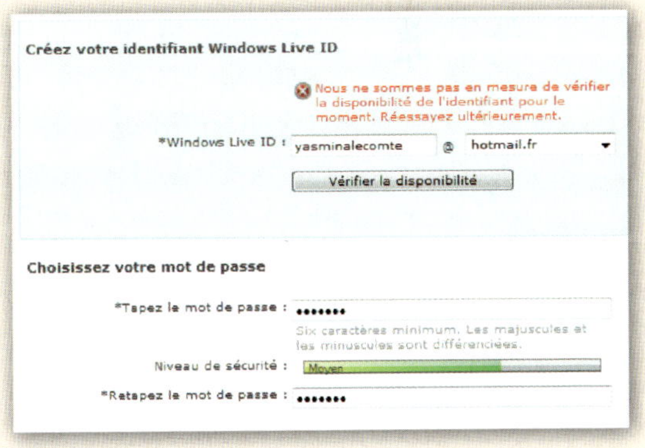

5 Les deux champs suivants sont utiles en cas d'oubli du mot de passe. La question secrète choisie vous sera alors posée et, si vous donnez la même réponse qu'ici, le mot de passe vous sera délivré.

6 Saisissez ensuite les informations personnelles demandées par Messenger. Cliquez sur **Continuer**.

7 Pour éviter les inscriptions abusives, vous devez ensuite procéder à une *vérification d'inscription*. Il suffit de saisir les caractères tels qu'ils apparaissent sur l'image.

8 Enfin, cliquez sur **Accepter**.

Félicitations ! Vous êtes désormais l'heureux propriétaire d'un identifiant Windows Live, vous permettant d'utiliser la messagerie instantanée Messenger.

Remarque : un identifiant Windows Live vous donne accès à Messenger, mais aussi à plusieurs autres choses, comme une adresse e-mail Windows Live Mail gratuite, un « espace perso » qui vous permet de créer votre blog, etc.

Pour terminer, fermez simplement la fenêtre Internet Explorer et revenons à Messenger.

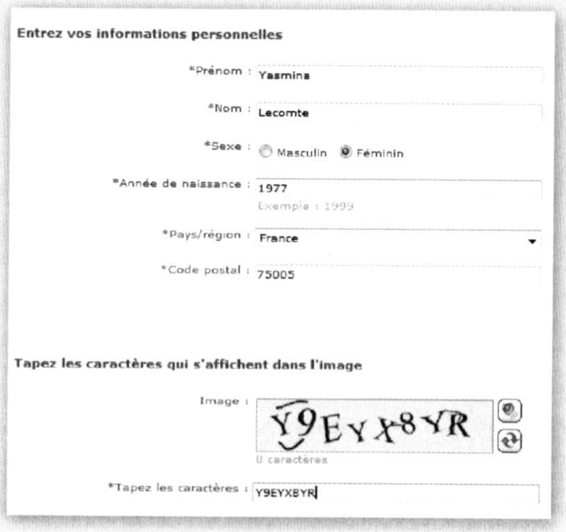

PAS À PAS

Connectez-vous à Messenger

Se connecter à Messenger, c'est la première étape pour pouvoir dialoguer avec des contacts. Vous allez utiliser le compte Windows Live que vous venez de créer.

1 Dans la fenêtre Messenger, ouverte précédemment, saisissez votre identifiant Windows Live complet. Dans mon cas, c'est `yasminalecomte@hotmail.fr`. Tout dépend de ce que vous avez choisi au moment de l'inscription ! Saisissez aussi votre mot de passe.

2 Activez les options **Mémoriser mon adresse**, **Mémoriser mon mot de passe** et **Connexion automatique** pour que Messenger se connecte tout seul à votre compte, dès que vous lancez votre ordinateur et votre connexion à l'Internet.

3 Cliquez sur **Connexion** puis patientez pendant l'ouverture de session.

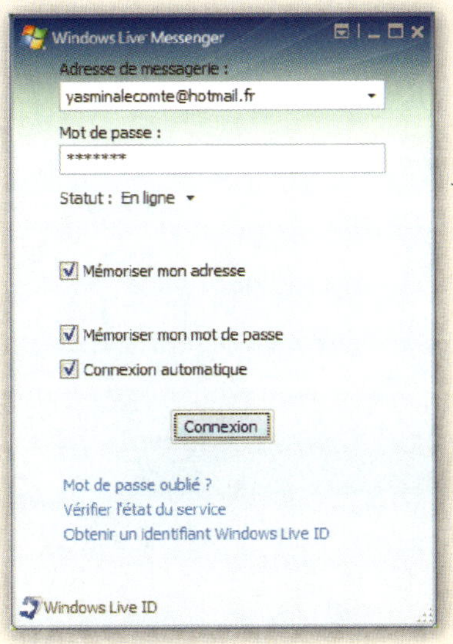

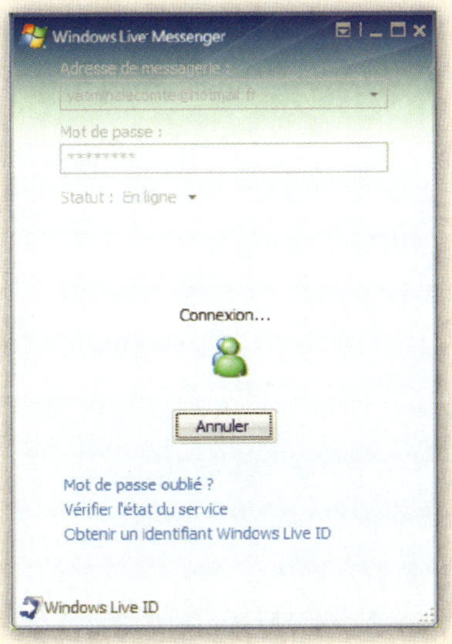

4 Remarquez l'icône **Messenger** : elle vous indique que vous êtes connecté.

Et voilà ! Vous êtes « en ligne ». Mais comme je l'ai expliqué précédemment, avant de pouvoir converser, vous devez indiquer à Messenger… avec qui vous souhaitez le faire !

Les contacts : votre tribu

Contrairement à l'e-mail, qui vous permet d'échanger des messages avec à peu près n'importe quel individu possédant une adresse, la messagerie instantanée repose plus sur le concept de **contacts** : avant de pouvoir discuter, vous devez constituer votre petite tribu et inviter chaque membre à devenir un de vos *contacts*.

PAS À PAS

Ajoutez un nouveau contact

1 Pour ajouter un contact, munissez-vous, avant de commencer, de **l'adresse** (ou **identifiant**) **Messenger** utilisée par la personne que vous souhaitez ajouter à vos contacts. Comment la connaître ? Demandez-la-lui, tout simplement ! Dans mon exemple, je vais ajouter mon amie Yolande à mes contacts. Celle-ci m'a indiqué l'identifiant Messenger suivant :

`y.salmandjee@hotmail.com`

2 Si la fenêtre Messenger n'est pas visible, double-cliquez sur l'icône **Messenger** dans la barre de tâches pour l'ouvrir.

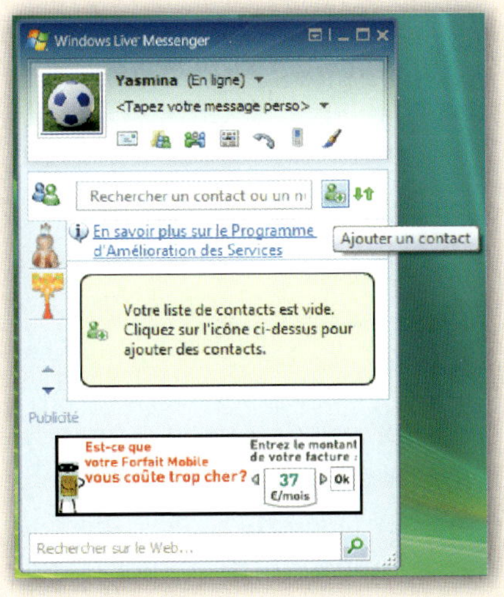

3 Cliquez sur le bouton **Ajouter un contact**.

4 Dans la fenêtre qui apparaît, saisissez l'adresse Messenger de votre contact, dans la zone **Adresse de messagerie instantanée**. Vous pouvez éditer les autres champs mais cela n'est pas indispensable pour le moment. Le message d'invitation personnelle peut avoir son utilité, si la personne ne sait pas que Colibri92@hotmail.fr, c'est vous, par exemple !

5 Cliquez ensuite sur **Ajouter un contact**.

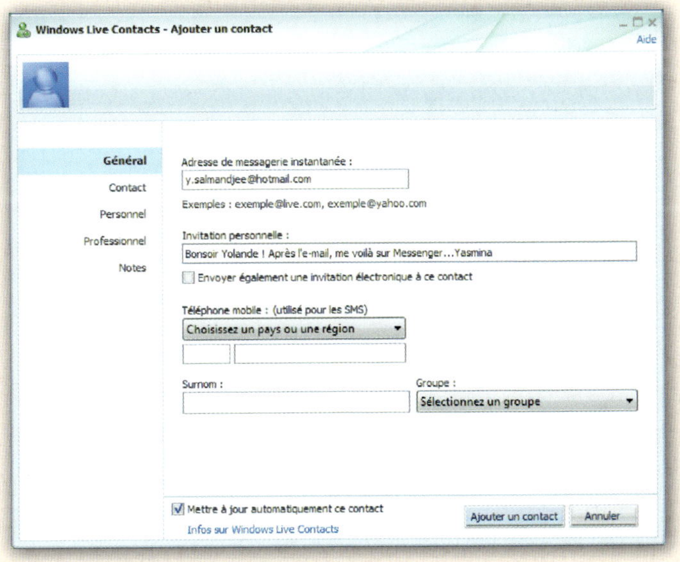

6 Le contact a été ajouté à votre liste ! Néanmoins, celui-ci devra *accepter votre invitation* pour que vous puissiez le contacter. Cliquez sur **Terminer**.

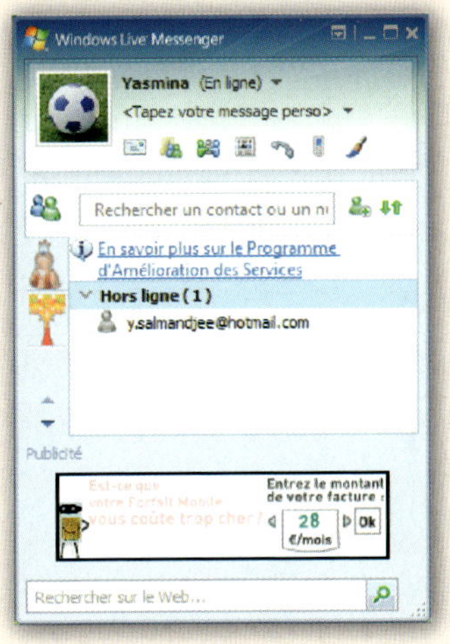

Lors de sa prochaine connexion, votre contact verra un message lui permettant d'accepter votre invitation.

Acceptez ou refusez l'invitation d'un contact

De même que vous pouvez inviter un contact à vous rejoindre, vous pouvez accepter l'invitation d'un proche. Ici, par exemple, mon ami Sébastien m'invite à rejoindre ses contacts. Il a suivi exactement la procédure que nous avons décrite dans la section précédente pour ajouter *mon identifiant Messenger* (`yasminalecomte@free.fr`) à ses contacts.

Si un de vos proches a effectué la même manipulation avec votre adresse Messenger, cela provoquera l'apparition de la fenêtre suivante (dès que vous vous connecterez à l'Internet) :

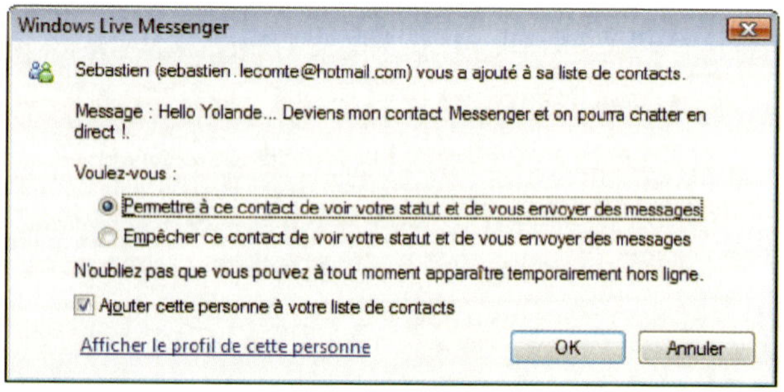

Cliquez sur **OK** pour accepter l'invitation. Dans l'exemple, je figure désormais dans la liste de contacts de Sébastien.

Et voilà ! Vous allez bientôt pouvoir converser avec vos contacts. Mais vous souvenez-vous de la dernière condition à remplir avant de pouvoir le faire ? Votre contact et vous-même devez être tous deux connectés avec Messenger au même moment (cela ne signifie pas que vous devez ouvrir votre session exactement *au même instant*, mais bien que vous devez être connectés durant *un laps de temps commun*).

KIT DE SURVIE

Un inconnu m'ajoute à ses contacts !

Comment réagir si vous ne connaissez absolument pas la personne qui souhaite vous ajouter à ses contacts Messenger ?

Tout d'abord, êtes-vous tout à fait sûr de ne pas connaître cette personne ? Certaines personnes ont des adresses e-mail plutôt originales qui peuvent vous dérouter.

Néanmoins, il peut arriver que quelqu'un vous ajoute par erreur dans ses contacts, si votre adresse e-mail ressemble à celle de son contact, par exemple (d'où l'intérêt du petit message d'invitation vu précédemment). Dans ce cas, cliquez simplement sur **Annuler** au lieu de **OK** dans les deux fenêtres d'invitation montrées ci-dessus !

Qui est connecté en ce moment ?

Après avoir ajouté des contacts,vous pouvez voir dans Messenger qui est connecté et qui ne l'est pas en ce moment. C'est simple : vos contacts sont classés en deux catégories. *En ligne* signifie « connecté ». *Hors ligne* signifie le contraire ! C'est ce qu'on appelle le « statut » d'un contact.

Dans l'exemple, au moment où je me suis connectée, Sébastien était aussi en ligne, mais pas Yolande.

Notez que le code de couleur employé pour l'icône Messenger de chaque contact reflète aussi ce statut. Par exemple, l'icône de Yolande apparaît en rouge, celle de Sébastien en vert. Je reviendrai sur les statuts plus loin dans ce chapitre.

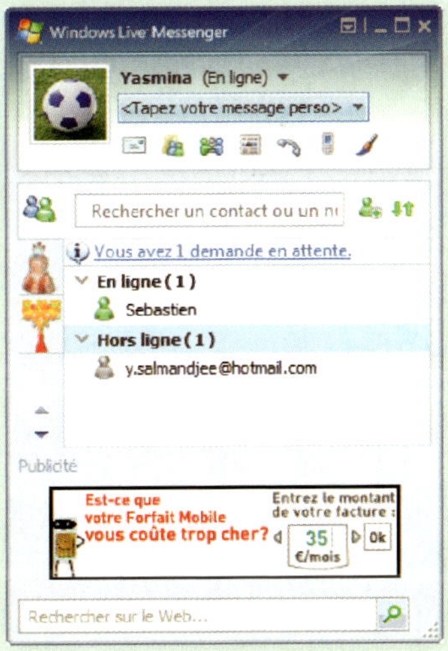

KIT DE SURVIE

Messenger vous dit qui se connecte

Si vous attendez impatiemment qu'un de vos proches se connecte pour le contacter, nul besoin de garder un œil en permanence sur votre centre de contrôle Messenger !

Dès qu'un de vos contacts se connecte, Messenger vous informe en effet par un message qui apparaît quelques secondes sur votre écran et émet un son caractéristique (si votre ordinateur le permet). Vous reconnaîtrez bientôt ce son entre mille !

Dans l'exemple, le message indique que Sébastien vient de se connecter.

PAS À PAS

Entamez votre premier dialogue avec Messenger

Vous avez désormais des contacts, et l'un d'eux est connecté à l'Internet en même temps que vous (il est « en ligne »). Toutes les conditions sont donc réunies pour qu'une discussion soit lancée !

1 Pour lancer une discussion avec un contact **en ligne**, comme Sébastien, double-cliquez sur son nom dans votre centre de contrôle Messenger.

2 Une fenêtre de discussion s'ouvre. Saisissez un message dans la zone de dialogue et appuyez sur **Entrée**. Le message envoyé à Sébastien apparaît dans la zone des messages échangés.

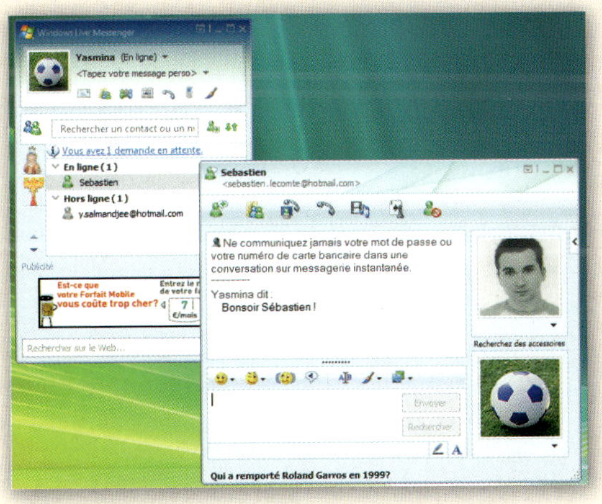

3 À ce stade, rien n'oblige Sébastien à répondre. Il peut, par exemple, s'être absenté de son bureau. S'il le fait, toutefois, son message apparaît sous le vôtre. Vous pouvez répondre de la même manière et continuer le dialogue.

4 Comment savoir si la personne avec qui je dialogue a fini de s'exprimer ? C'est simple : pendant une discussion, lorsque votre contact est en train de vous écrire un message de son côté, vous pouvez le savoir : c'est indiqué en bas de la fenêtre. Sinon, cette zone indique l'heure du dernier message reçu.

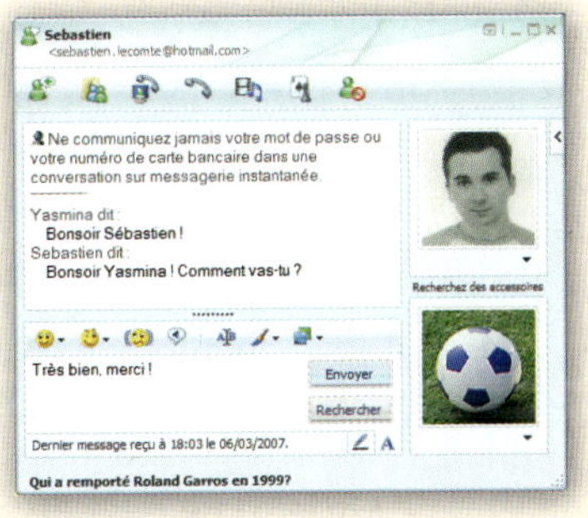

Lorsque c'est un de vos contacts qui initie la discussion, c'est la même chose, sauf que cette même fenêtre de dialogue apparaît comme par magie sur votre écran. Une alerte sonore vous indique qu'on essaie de dialoguer avec vous (au cas où vous ne vous trouveriez pas devant votre ordinateur, par exemple). Le premier message envoyé par votre contact est affiché. Libre à vous ensuite d'y répondre ou non !

Utilisez des émoticônes

Vous vous en doutez, contrairement au téléphone où la voix peut délivrer ou trahir des émotions, par écrit, c'est plus difficile ! C'est pourquoi on a créé les *émoticônes*, qui veulent dire littéralement « icônes d'émotion ». On les appelle aussi *smileys*, terme anglais qu'on pourrait traduire par « petits visages souriants ». Ce sont tout simplement des petits graphiques amusants !

Les émoticônes sont un moyen d'égayer la conversation et de donner un indice à votre interlocuteur sur le ton de votre message : certaines sourient, d'autres ont l'air triste, d'autres font un clin d'œil pour indiquer un sarcasme ou une complicité, *etc.* En voici quelques exemples :

Leur interprétation est laissée à votre imagination !

PAS À PAS

Insérez une émoticône dans un message

1 Pour utiliser les émoticônes pendant une discussion, dans votre message, cliquez sur le bouton .

2 Une mini-fenêtre remplie d'émoticônes apparaît. Cliquez sur celle de votre choix.

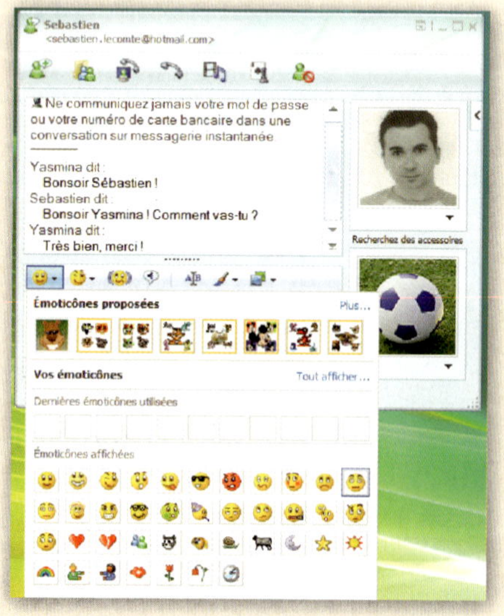

3 L'émoticône est insérée dans votre message. Dans l'exemple, j'ai choisi une émoticône « en pleurs » pour indiquer avec une pointe d'exagération, pour rire, que la météo était bien attristante à ce moment (libre à Sébastien d'interpréter cette émoticône, en fait !).

4 Lorsque vous appuyez sur **Entrée**, le message accompagné de l'émoticône est envoyé.

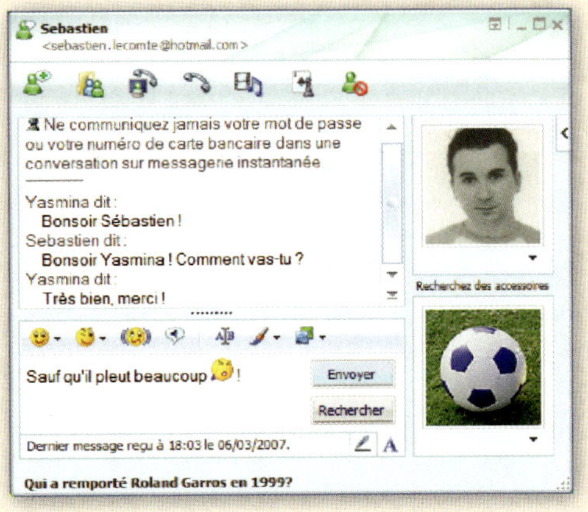

En ligne, occupé, absent : le bon statut !

Vous savez désormais discuter avec un contact. Revenons sur les statuts. Messenger permet en effet d'être un peu plus subtil sur votre statut que les catégoriques **En ligne** ou **Hors ligne**. Imaginons une situation : vous pouvez très bien être connecté mais vous absenter un moment, ou tout simplement être ponctuellement occupé à autre chose sur votre ordinateur, sans pour autant avoir envie de fermer complètement Messenger. Surtout si vous attendez impatiemment que votre cousine australienne se connecte pour lui demander de ses nouvelles !

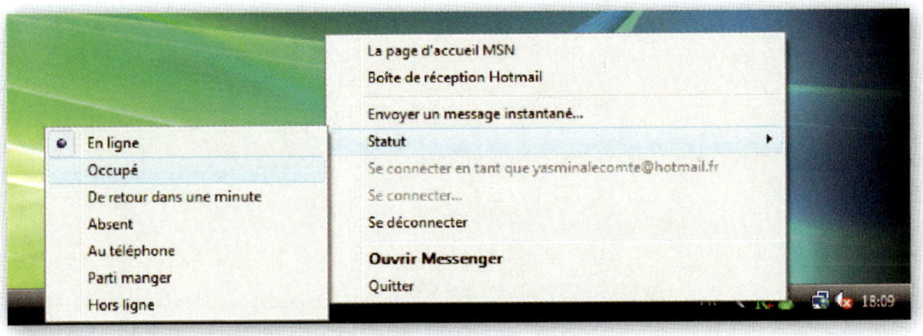

Cela tombe bien, Messenger a pensé à tout. Pour changer de statut, cliquez avec le bouton droit sur l'icône **Messenger** et choisissez-en un nouveau dans la liste.

Pour vos contacts, c'est la même chose : vous pouvez voir leur statut précis dans le centre de contrôle Messenger.

KIT DE SURVIE

À quoi sert le statut Hors ligne ?

Ce statut est très pratique : il vous permet de « vous cacher » de tous vos contacts, en apparaissant comme si vous n'étiez pas connecté… alors qu'en fait vous restez bel et bien connecté à Messenger ! Néanmoins, ce statut ne vous permet pas de dialoguer avec vos contacts ; pour cela, vous devez basculer à nouveau vers le statut **En ligne**.

Je me suis trompé d'émoticône !

Si vous n'avez pas encore envoyé le message, vous pouvez simplement supprimer l'émoticône comme vous effaceriez du texte. Sinon, il ne vous reste plus qu'à clarifier la situation avec votre interlocuteur , n'est-ce pas !

Comment modifier l'apparence de vos messages ?

Vous pouvez modifier la police, la couleur ou la taille du texte des messages que vous tapez. C'est loin d'être futile : vous pourrez ainsi plus clairement suivre le fil de vos discussions ou agrandir le texte pour un meilleur confort de lecture. Cliquez sur le bouton dans la fenêtre de discussion Messenger.

Vous pouvez alors modifier les caractéristiques du texte. Choisissez une nouvelle police, changez sa couleur ou agrandissez sa taille si cela vous convient mieux. Dans l'exemple, j'ai choisi la police **Verdana**, en **gras** et en taille **16**, et de couleur **rouge foncé**. Cliquez sur **OK**. Lorsque vous tapez un nouveau message, celui-ci prend immédiatement la nouvelle apparence choisie.

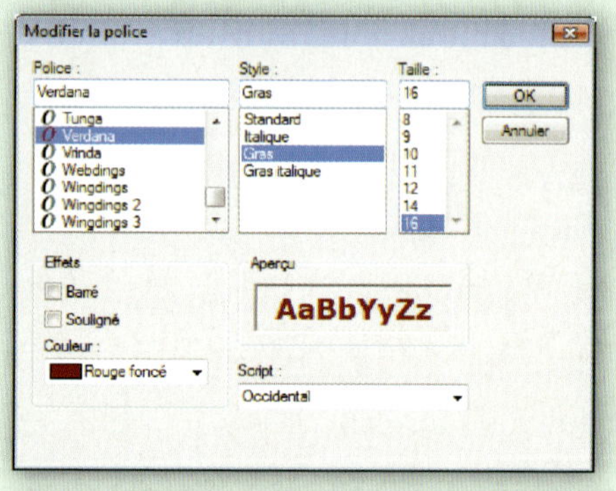

Attention à ne pas choisir une police difficile à lire, une taille trop petite, ou encore une couleur illisible/

KIT DE SURVIE

fatigante pour les yeux, ou pire, les trois ! Dans l'exemple, une police exotique, de petite taille et de couleur cyan n'est pas du meilleur effet.

Comment changer de photo Messenger ?

Vous avez peut-être remarqué la jolie photo de ballon de football (peut-être que cela sera une photo de canard, chez vous) qui figure dans la fenêtre de discussion. Cette zone est en fait destinée à afficher votre propre photo. Pour changer cette photo (à moins que celle par défaut ne vous convienne), cliquez sur votre surnom, puis sur **Modifier mon image perso** dans la fenêtre Messenger. Dans la boîte de dialogue qui apparaît, cliquez sur **Parcourir** et sélectionnez une photo parmi vos documents. Cliquez sur **Ouvrir** puis sur **OK**.

Vive les webcams !

Si vous avez une webcam, rien de plus simple que de l'utiliser avec Messenger ! Connectez-la à votre ordinateur, puis cliquez sur le bouton **Démarrer une conversation vidéo** dans la fenêtre de dialogue avec un contact. Et c'est parti pour la visioconférence !

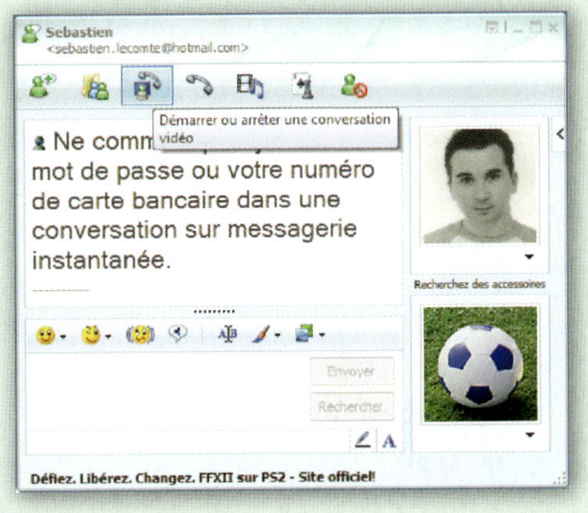

À quoi sert la fenêtre qui apparaît à la fin de chaque discussion ?

Lorsque vous fermez une fenêtre de dialogue Messenger, la fenêtre suivante apparaît :

Elle permet de sauvegarder l'intégralité de la discussion sur votre ordinateur. Néanmoins, vous aurez rarement besoin de le faire !

POUR RÉSUMER

- La messagerie instantanée, c'est la possibilité de converser en direct avec un proche connecté à l'Internet en même temps que vous.
- Un programme populaire et gratuit pour y accéder est Messenger. Vous devez créer un compte Windows Live pour l'utiliser.
- Pour dialoguer avec un proche, vous devez d'abord l'ajouter à vos contacts. Ou bien accepter son invitation à devenir un de ses contacts, c'est la même chose !
- Lorsqu'un contact est connecté, il apparaît avec le statut En ligne dans Messenger. Sinon, il a le statut Hors ligne. Vous ne pouvez engager une discussion que s'il est en ligne.
- Il existe d'autres statuts, en plus de En ligne et Hors ligne, pour indiquer à vos contacts que vous êtes momentanément absent ou occupé, par exemple.
- Les émoticônes sont un moyen amusant de préciser votre pensée et d'égayer la conversation.
- Pensez à personnaliser votre Messenger en changeant votre photo !

Un ordinateur bien protégé

Le Centre de sécurité de Windows complété d'un bon antivirus comme Avast mettent votre ordinateur à l'abri des menaces liées à l'Internet.

CHAPITRE 10

Protégez votre ordinateur

Nous avons déjà évoqué plusieurs fois le thème des virus dans cet ouvrage. Ils méritent toutefois amplement leur propre chapitre ! Avec une connexion permanente à l'Internet, tout d'abord, votre ordinateur devient vulnérable aux intrusions malveillantes. Les virus profitent allégrement des transferts de fichiers effectués par l'Internet pour se propager, *via* l'e-mail ou le téléchargement, par exemple. Un pare-feu et un antivirus constituent la panoplie indispensable pour protéger votre ordinateur de ces attaques, qui peuvent être dévastatrices pour votre ordinateur !

C'est exactement ce que nous allons mettre en œuvre dans ce chapitre. Ce sera aussi l'occasion d'aborder la question du téléchargement. Qu'est-ce que le téléchargement et comment procéder ? Vous le découvrirez par la pratique, en téléchargeant votre antivirus gratuit sur le Web !

AU MENU

Virus et intrusions : faisons le point !

	Intrusion	Espion	Virus
Qu'est-ce que cela signifie ?	Un individu ou un programme profite de votre connexion permanente à l'Internet pour pénétrer dans votre ordinateur.	Un petit programme s'installe à votre insu, et collecte des données pour vous abreuver de publicités.	Un petit programme malveillant, circulant par e-mail, avec les fichiers en téléchargement ou cachés dans les pages Web, s'installe à votre insu sur votre ordinateur.
Comment l'éviter ?	Utilisez un **pare-feu** qui empêche les intrusions extérieures.	N'installez pas des programmes dont vous n'êtes pas sûr, ne cliquez pas sur n'importe quel bouton sur le Web.	N'ouvrez pas les pièces jointes « suspectes ». Ne demandez jamais l'ouverture directe du fichier que vous téléchargez. Mettez en place un antivirus qui veille en permanence sur votre ordinateur.
Conséquences d'une attaque	L'intrus peut accéder à des fichiers et à des données sensibles de votre ordinateur, voire les détruire.	Les espions provoquent l'affichage de fenêtres de publicité dans Internet Explorer. Et ralentissent considérablement l'ordinateur.	Les virus peuvent modifier les noms de vos documents, les effacer, s'attaquer à des fichiers sur votre disque, voire empêcher votre ordinateur de redémarrer et se propager vers d'autres ordinateurs en utilisant la messagerie.
Comment résoudre le problème ?	Configurez votre **pare-feu** pour restreindre immédiatement l'accès à l'ordinateur et empêcher les futures intrusions.	Analysez et nettoyez votre ordinateur régulièrement avec un anti-espions.	Analysez et nettoyez votre ordinateur avec un **antivirus**.

Sécurisez votre ordinateur en 3 étapes

Comme le tableau ci-dessus l'explique, les trois principales menaces pour votre ordinateur, lorsqu'il est connecté à l'Internet, sont les intrusions, les espions et les virus. À chaque problème sa solution. Vous devez donc :

1. Activer le pare-feu Windows contre les intrusions extérieures.

2. Activer la protection anti-espions de Windows.

3. Installer un bon antivirus.

L'ensemble de ces réglages s'effectue *via* le **Centre de sécurité de Windows Vista**. Et comme vous pouvez le deviner, tout cela sera très facile à faire ! En effet, Windows est déjà équipé d'un pare-feu et d'un anti-espions. Nous aurons donc uniquement à nous occuper d'installer un antivirus.

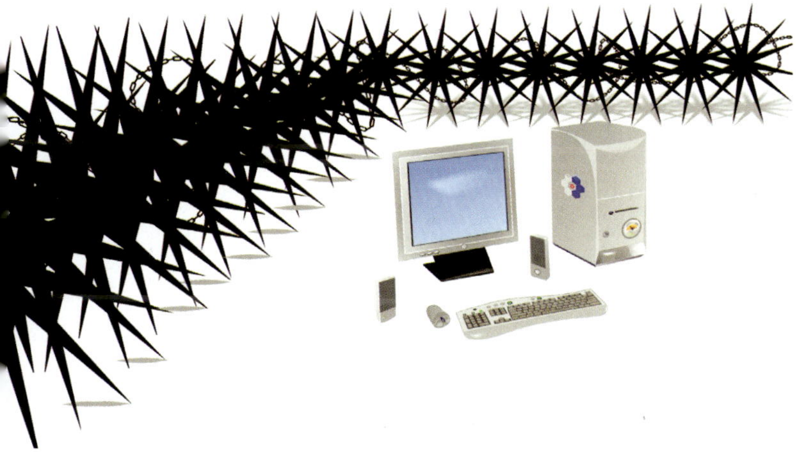

PAS À PAS

Vérifiez l'état de sécurité de votre ordinateur

Toutes les options de protection sont regroupées au sein du **Centre de sécurité de Windows**.

1 Pour afficher le Centre de sécurité, cliquez sur **Démarrer → Panneau de configuration**.

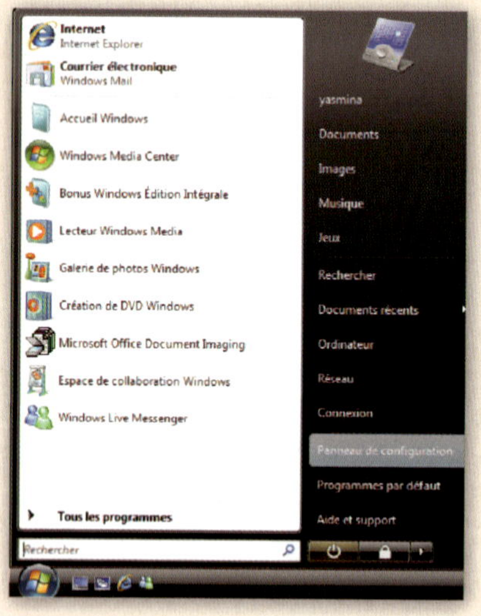

2 Dans la fenêtre **Panneau de configuration**, cliquez sur **Vérifier l'état de sécurité de cet ordinateur**, dans la section **Sécurité**.

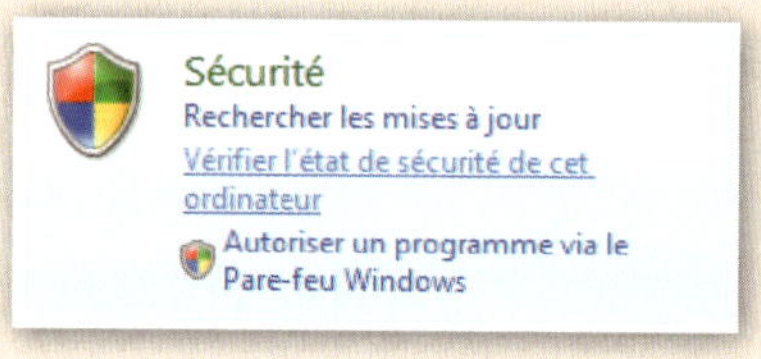

3 Le **Centre de sécurité de Windows** apparaît. Par défaut, vous devez être dans la situation montrée ci-dessous : tous les paramètres de sécurité sont activés, sauf la protection antivirus, qui n'est pas fournie avec Windows. Nous allons immédiatement y remédier.

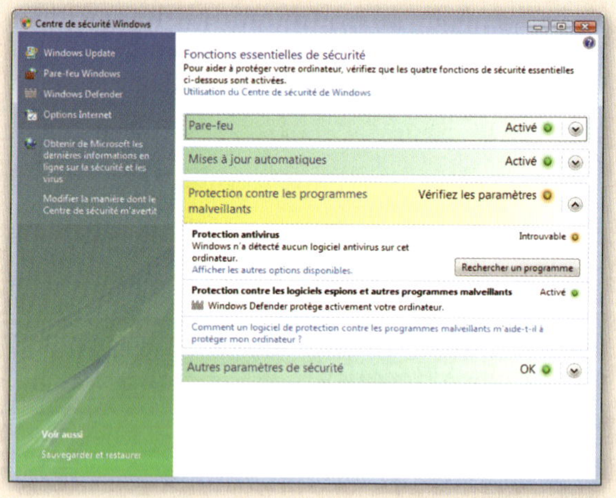

KIT DE SURVIE

Que signifie « Mises à jour automatique : activé » ?

Cette option permet de vous assurer que vous disposez bien de la dernière mise à jour de Windows Vista. Elle indique à Windows d'installer automatiquement les mises à jour dès qu'elles sont disponibles sur l'Internet.

Que signifie « Pare-feu : activé » ?

Cette option signifie que le pare-feu fourni avec Windows veille sur votre ordinateur et le protège des intrusions indésirables depuis l'Internet.

Que signifie « Protection contre les logiciels espions et autres programmes malveillants : activé » ?

Windows vous offre une protection contre les espions ! Cette option signifie donc que votre ordinateur est protégé de ce type de menace.

Pourquoi mon ordinateur n'est-il pas protégé contre les virus ?

Parmi les trois types de menaces liées à l'Internet pour votre ordinateur, Windows n'offre aucune solution contre les virus. C'est à vous de télécharger et installer (et acheter, éventuellement) un antivirus parmi les nombreux programmes existants. Nous allons immédiatement voir comment procéder pour obtenir, en toute légalité, un programme gratuit et efficace !

Tout sur le téléchargement

Que veut dire « télécharger » ?

Télécharger, c'est transférer un fichier d'un ordinateur à un autre. Pour les utilisateurs de l'Internet, ce mot fait généralement référence à la **récupération** d'un fichier sur son propre ordinateur, depuis un autre ordinateur. Autrement dit, lorsque vous téléchargez, vous transférez simplement un fichier sur votre propre ordinateur. On utilise aussi, mais plus rarement, le mot « télécharger » pour désigner l'action l'inverse, c'est-à-dire le transfert depuis votre ordinateur vers un autre ordinateur.

Le téléchargement sert à récupérer des fichiers informatiques de toute sorte, c'est-à-dire des programmes, des documents, des livres électroniques, des fichiers sonores, des vidéos, *etc.*

Que peut-on télécharger ?

Tout type de fichier ou presque ! Lorsque vous enregistrez une page Web, ou une image se trouvant sur un site Web, comme nous l'avons appris au cours des chapitres précédents, c'est déjà un téléchargement.

Voici les types de fichiers les plus téléchargés par les internautes :

- Des **programmes** : des logiciels, des mises à jour de logiciels, des jeux, *etc.*
- Du **son** : des morceaux de musique, des sketches humoristiques, des « jingles », *etc.*
- De la **vidéo** : des bandes-annonces, des films, des publicités, *etc.*
- Des **images** et des **animations** : des photos, des graphiques, des écrans de veille, des thèmes de Bureau, des icônes, *etc.*
- Des **documents** : des livres électroniques, des supports de cours (pour les étudiants), *etc.*

- Des **pages Web**, voire des sites Web entiers.

Téléchargez en 5 étapes

La procédure pour télécharger un fichier est toujours sensiblement la même :

1. Vous cliquez sur un **lien de téléchargement**, qui peut se trouver sur une page Web ou dans le corps d'un e-mail.

2. Une boîte de dialogue vous propose soit d'ouvrir, soit d'enregistrer le fichier sur votre disque (c'est-à-dire dans les documents de votre ordinateur). Mon conseil : enregistrez toujours, n'ouvrez jamais directement !

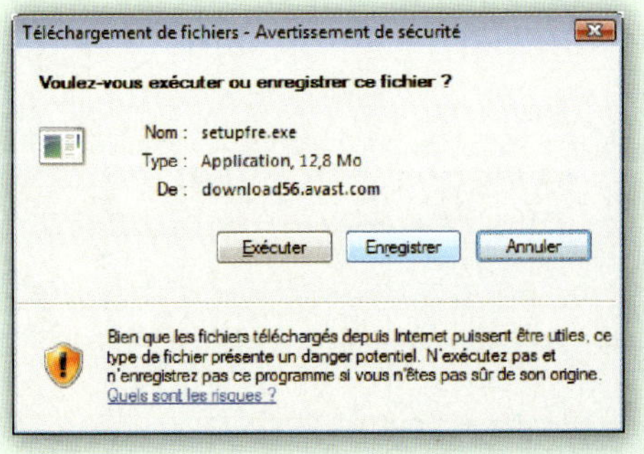

3. Lorsque vous décidez d'enregistrer le fichier sur votre disque, vous devez choisir le dossier de destination parmi vos documents, dans votre dossier **Téléchargement**, de préférence.

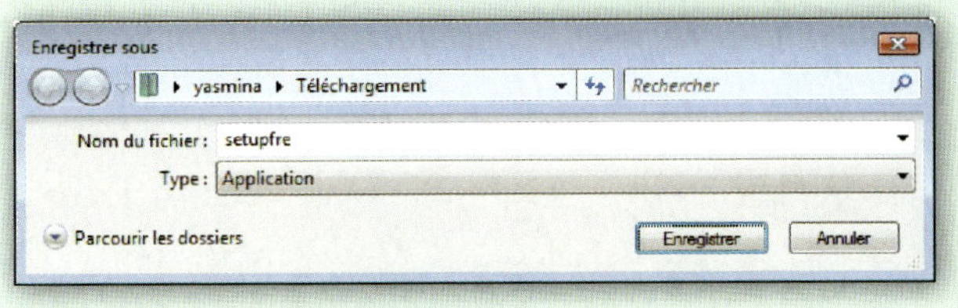

4. Après avoir fait ce choix, vous devez attendre que le téléchargement, c'est-à-dire la récupération du fichier sur votre ordinateur, soit terminé. C'est une évidence, mais elle me semble utile à rappeler : plus la taille du fichier est importante et plus la durée nécessaire pour le récupérer sera longue. Cette durée dépend aussi essentiellement de la vitesse de votre connexion à l'Internet.

5. Si vous avez demandé l'enregistrement du fichier sur votre disque, celui-ci se trouve alors dans votre dossier Téléchargement. Vous pouvez donc l'ouvrir immédiatement, ou le conserver pour une utilisation ultérieure, ou le graver sur un CD-ROM, par exemple.

Découvrez l'antivirus avast!

Il existe un grand nombre de programmes antivirus, dont les plus connus sont Norton de Symantec, McAfee, ou encore Kapersky. Dans notre exemple, nous avons choisi d'utiliser un programme de plus en plus populaire, avast!, qui présente toutes les qualités d'un bon antivirus : efficace, gratuit, disponible en français et complet, il se met de plus à jour tout seul lorsque vous vous connectez à l'Internet.

Ce programme n'est pas encore disponible sur votre ordinateur. Vous allez en effet devoir le **télécharger** sur l'Internet. C'est donc pour moi l'occasion idéale d'aborder cette pratique très répandue sur l'Internet : le téléchargement.

Attention : avast! est gratuit, mais uniquement dans le cadre d'un usage personnel, et non professionnel.

PAS À PAS

Téléchargez et installez l'antivirus avast!

Passons désormais à la pratique. Le programme avast! est un antivirus très intéressant à plusieurs points de vue : complètement gratuit (dans le cadre d'un usage non professionnel), il est d'une efficacité redoutable. Si on ajoute qu'il est disponible en français et se met à jour tout seul, régulièrement, pour vous protéger des nouveaux virus, avast! est réellement un programme incontournable pour votre ordinateur !

1 Pour télécharger l'antivirus avast!, rendez-vous sur le site Web qui lui est dédié, en français :

`www.avast.com/index_fre.html`

2 Cliquez sur **Télécharger** puis sur **Programmes**.

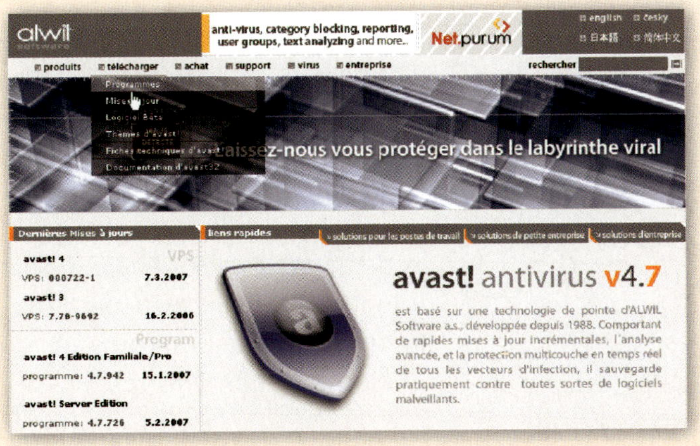

3 Cliquez sur **Téléchargement GRATUIT d'avast! 4 Edition Familiale**.

4 Allez vers le bas de la page, jusqu'à atteindre la ligne de téléchargement de la version française du programme. Cliquez sur le bouton **Download** (qui signifie *télécharger*).

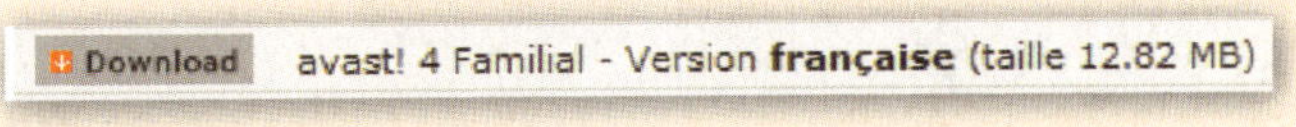

5 La boîte de dialogue de téléchargement d'Internet Explorer apparaît. Cliquez sur **Enregistrer**.

6 Windows vous propose d'enregistrer le programme dans votre dossier Téléchargement. C'est parfait ! Cliquez sur **Enregistrer**.

7 Patientez pendant que le téléchargement s'effectue.

8 À la fin du téléchargement, la boîte de dialogue **Téléchargement terminé** apparaît.

9 Cliquez sur **Exécuter** pour lancer l'installation d'avast!.

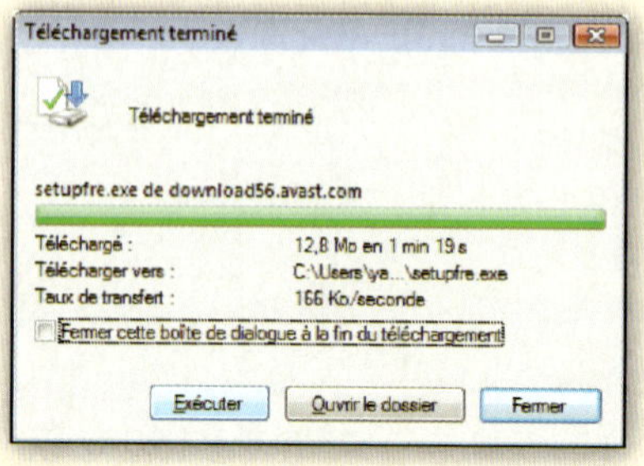

10 Une fenêtre vous demande votre autorisation pour continuer et affiche un message d'avertissement. Cliquez sur **Continuer**.

11 Le programme d'installation commence. Cliquez sur **Suivant** chaque fois que cela vous est demandé. Choisissez **J'accepte** dans la fenêtre **Contrat de licence** et conservez le dossier proposé par défaut dans la fenêtre **Destination**.

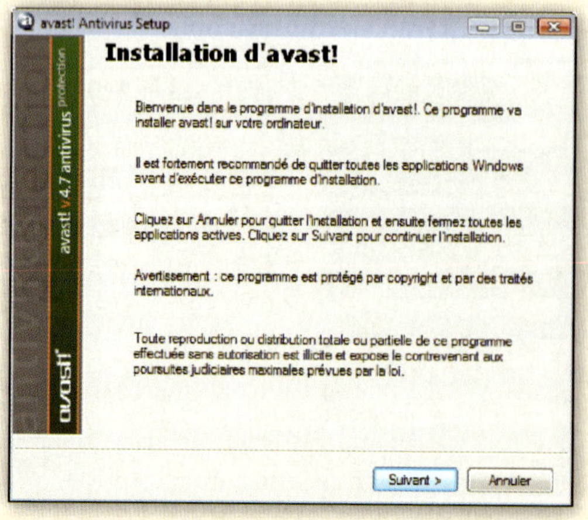

12 Conservez la « configuration typique » proposée puis cliquez sur **Suivant**.

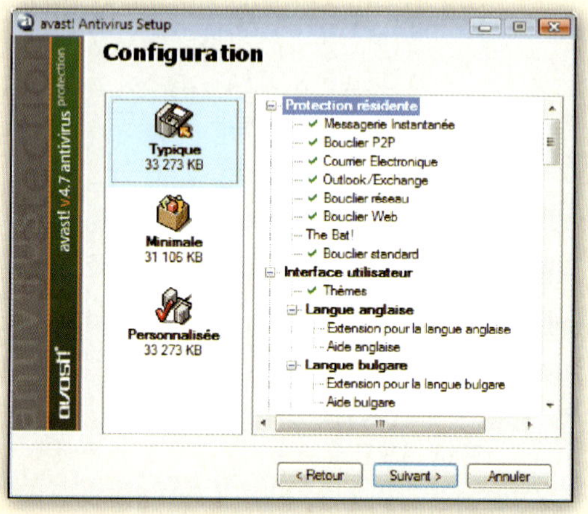

13 Le résumé des informations d'installation est affiché. Cliquez sur **Suivant**.

14 Patientez pendant l'installation. Lorsque le programme vous demande si vous souhaitez planifier un test automatique des disques durs au démarrage, cliquez sur **Non**, car nous allons le faire manuellement d'ici peu. Par ailleurs, un test à chaque démarrage de votre ordinateur est une perte de temps inutile.

15 À la fin de l'installation, vous devez redémarrer votre ordinateur. Avant de cliquer sur **Fin**, fermez tous les autres programmes déjà en route sur votre ordinateur et enregistrez tous les

documents ouverts. Cliquez sur **Fin** et patientez pendant que l'ordinateur redémarre.

16 Bravo ! Votre ordinateur est désormais protégé contre les virus par avast!.

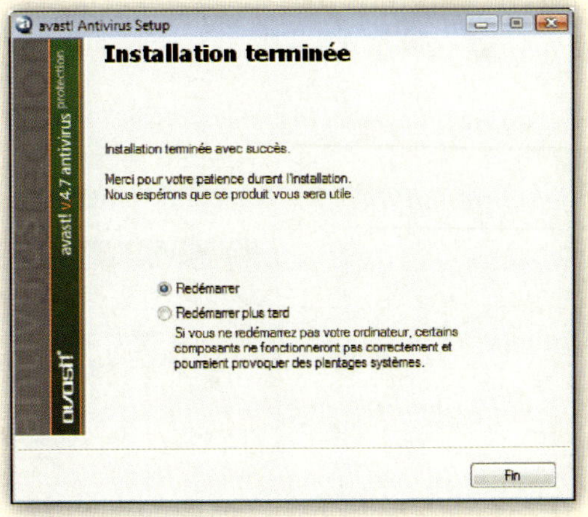

Indiquez à Windows que vous souhaitez utiliser avast!

Nous venons de télécharger et d'installer avast!. Vous devez désormais simplement indiquer ce choix à Windows, dans le **Centre de sécurité**. Si vous avez fermé le Centre de sécurité, cliquez sur **Démarrer ➜ Panneau de configuration**, puis sur **Vérifier l'état de sécurité de cet ordinateur**. Dans le **Centre de sécurité,** section **Protection antivirus**, cliquez sur le bouton **Afficher les autres options disponibles**.

Cliquez sur **Je dispose d'un programme antivirus que je contrôlerai moi-même**, puis sur **Continuer**.

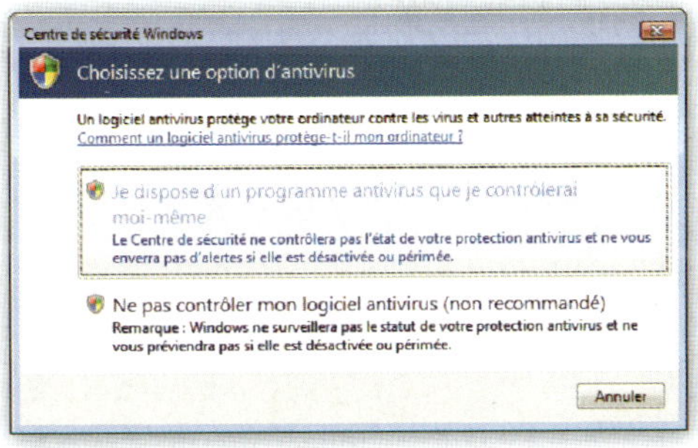

KIT DE SURVIE

✪ avast! me demande une clé d'enregistrement : que faire ?

Cliquez simplement sur **Enregistrement du programme**.

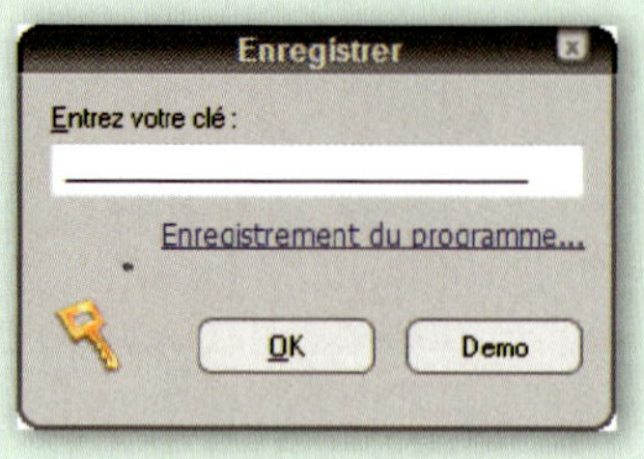

Une page Web va s'ouvrir dans Internet Explorer. Laissez-vous guider pour obtenir une clé d'enregistrement qui vous permettra d'utiliser le programme. Remplissez le formulaire et indiquez votre adresse e-mail, vous recevrez un message contenant la clé. Dans Windows Mail, affichez le message d'avast!. Sélectionnez le texte correspondant à la clé, puis cliquez avec le bouton droit et choisissez **Copier**. Affichez à nouveau la fenêtre d'enregistrement et cliquez avec le bouton droit dans la zone **Entrez votre clé**, et choisissez **Coller**. Et voilà ! Vous venez de copier-coller la clé d'enregistrement. Cliquez sur **OK**.

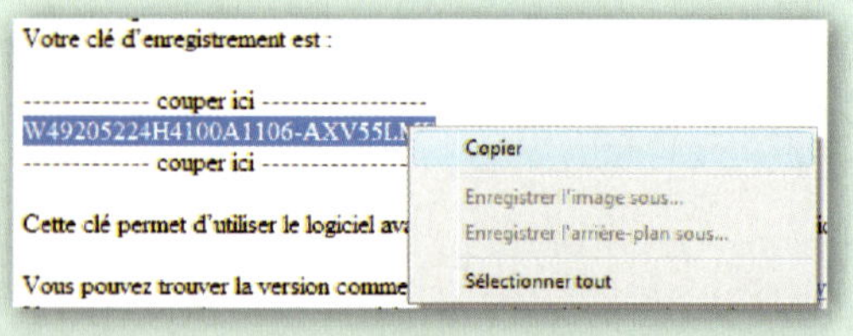

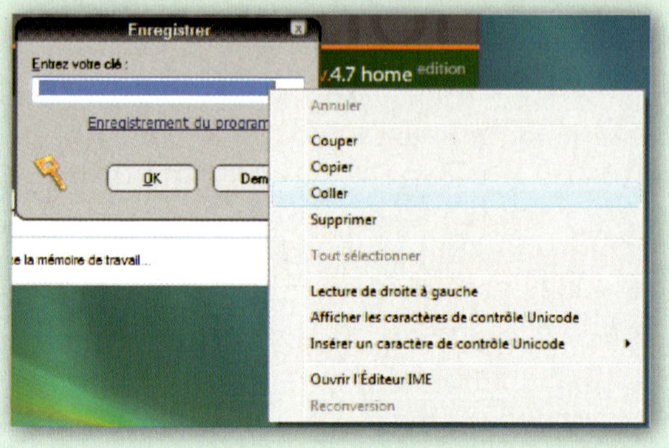

Votre ordinateur est désormais bien protégé des éventuelles attaques, virus, intrusions, espions, *etc.* ! Il est temps de vous détendre un peu et de vous intéresser à un domaine que l'Internet a (encore) révolutionné : le commerce. Rendez-vous au chapitre suivant.

POUR RÉSUMER

- Les intrusions sur votre ordinateur par l'Internet sont, hélas, une réalité possible. Il suffit toutefois d'activer le pare-feu Windows pour se protéger de telles attaques.
- Les virus s'installent sur les ordinateurs à l'insu des utilisateurs. Ils se propagent avec les fichiers transmis par l'Internet. Ils peuvent endommager ou détruire des fichiers et se propager vers d'autres ordinateurs à l'aide de votre messagerie.
- C'est avant tout en étant prudent que vous éviterez ces deux types de menaces. N'ouvrez pas n'importe quel document reçu par e-mail ou téléchargé sur le Web.
- Un antivirus efficace reste toutefois indispensable pour protéger votre ordinateur. Il en existe beaucoup, mais je vous conseille l'antivirus avast!, totalement gratuit et très performant.

Les données importantes de votre carte bancaire

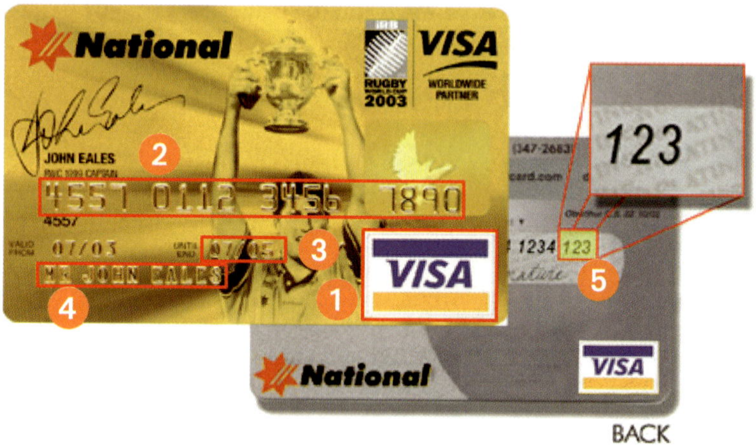

1 Type de carte

2 Numéro à 16 chiffres

3 Date d'expiration

4 Nom du titulaire

5 Trois derniers chiffres du cryptogramme visuel

CHAPITRE 11

Vive les achats sur le Web !

Faire des achats en ligne grâce à l'Internet, quel dilemme… D'un côté, tous les avantages que cela procure : un choix important sans se déplacer, moins d'intermédiaires entre le vendeur et l'acheteur, de bonnes affaires réservées au Web, *etc.* D'un autre côté, les menaces de piratage de votre carte bancaire, les vendeurs non fiables et autres fraudes.

Acheter sur le Web semble aussi exaltant, mais aussi risqué, qu'un saut en parachute ! Alors, le jeu en vaut-il la chandelle ? Ce chapitre a pour objectif de débouter certaines idées fausses, tout en vous expliquant clairement les vrais dangers de cette nouvelle manière d'acheter, qui révolutionne les habitudes des consommateurs.

AU MENU

- **Quelques principes fondamentaux à observer**
- **Connaissez vos droits et les devoirs du vendeur**
- **Utilisez votre carte bancaire sans crainte !**
- **Passez votre première commande sur le Web**
- **Réagissez en cas de problème**

Ce qui va changer pour vous grâce à l'achat en ligne

C'est toute votre manière de faire des achats qui va être remise en cause ! Imaginez un peu : le plus grand magasin du monde à portée de votre souris. Pas de problème d'ouverture, le Web reste ouvert 24 heures sur 24, y compris le dimanche et les jours fériés. Vous pouvez faire vos courses tranquillement installé dans votre bureau ou votre salon, sans affronter la foule.

Par ailleurs, sur le Web, ce ne sont plus les commerçants de votre quartier mais ceux du monde entier, y compris dans des contrées lointaines et exotiques, qui mettent leurs objets à votre disposition ! Vous devinez donc que l'on peut y faire d'excellentes affaires. Cela veut aussi dire que l'on y trouve de tout : des vêtements aux voyages, en passant par des livres que vous croyiez épuisés et des objets de collection très rares !

Enfin, vous pourrez vous-même devenir vendeur sur le Web et vous lancer dans l'univers des enchères, sur eBay, par exemple. De quoi arrondir les fins de mois en vidant le grenier !

Plus d'un Français sur deux fait déjà ses courses en ligne ! Par ailleurs, la quasi-totalité des cyberacheteurs se dit satisfaite (96,3 %) de ses achats sur l'Internet et compte y revenir (99,8 %), selon des études récentes. Alors, pourquoi pas vous ? N'hésitez pas, vous pouvez acheter sans risque, mais à condition d'observer quelques précautions et de connaître vos droits !

Les 7 règles fondamentales à observer

Voici une liste de points à vérifier systématiquement avant d'acheter sur le Web. Notez qu'une partie de ces conseils peuvent très bien s'appliquer à n'importe quel achat à distance.

1 Choisissez un commerçant que vous pouvez clairement identifier.

Vous devez, par exemple, disposer de ses coordonnées complètes (adresse postale

et numéro de téléphone). Recherchez un lien **Contact** ou **Qui sommes-nous ?** sur le site pour trouver ces informations. Méfiez-vous des sociétés qui ne vous donnent qu'une boîte postale ou dont les coordonnées sont introuvables. Comme dans le commerce traditionnel, la réputation d'un commerçant peut être un critère de choix.

2 **Ne vous précipitez pas, et comparez les prix** sur différents sites avant d'acheter. N'oubliez pas de compter les frais de port et les taxes (et, éventuellement, pour les achats hors Union européenne, les droits de douane).

3 **Lisez bien la description précise du produit et les conditions générales de vente.** Toutes ces informations doivent être accessibles sur le site.

4 **Vous avez le droit de savoir quand vous serez livré.** Si la **livraison** n'est pas immédiate et si le prix du produit excède 500 €, le vendeur doit s'engager sur la date limite à laquelle il livrera le bien. En cas de dépassement de cette date de plus de sept jours, non dû à un cas de force majeure, vous pourrez dénoncer le contrat. Le code de la consommation précise en outre que, sauf mention contraire dans le contrat, la livraison doit intervenir dans les trente jours suivant la commande.

5 **Si vous choisissez le paiement par carte bancaire, la page doit impérativement être sécurisée** (ce point est développé plus loin). Vérifiez que la commande et le paiement ont bien été enregistrés. Ne validez pas une deuxième fois le paiement, même en cas de doute. Vous risqueriez d'être facturé deux fois !

6 **Conservez toujours une copie imprimée ou un fichier de sauvegarde de la commande, du contrat et du reçu de paiement.**

7 **À réception du produit, vérifiez qu'il correspond bien à celui que vous avez commandé, et qu'il est en bon état, avant de signer le bon de livraison.** En cas de problème, signalez-le immédiatement par écrit au commerçant. Vous pouvez aussi refuser la livraison.

N'hésitez pas à contacter le service clients (par téléphone ou par e-mail) si vous avez la moindre incertitude. La plupart des sites proposent un numéro de téléphone pour joindre le service clients (cliquez sur le lien **Contact** ou **Qui sommes-nous ?** du site).

Les enchères sur le Web

Cette section aborde un type d'achat bien différent : les enchères. Vous en avez probablement entendu parler car elles rencontrent un énorme succès auprès des internautes du monde entier. Le principe est simple : chacun peut mettre en vente un bien (généralement d'occasion). Les internautes procèdent alors aux enchères en ligne, et le bien est attribué au plus offrant. Tout le monde y trouve son compte !

Le site d'enchères est simplement un intermédiaire et la transaction est effectuée directement du vendeur à l'acheteur. Les enchères reposent donc sur un principe de « confiance » entre les acteurs de la vente. Un de ces sites d'enchères, qui a terrassé tous ses concurrents au cours des dernières années, centralise les amateurs de ce type de ventes : eBay (« ibè »).

eBay propose des objets vendus par des particuliers, mais nombre de professionnels s'en servent aussi pour vendre leurs produits sur l'Internet. Acheter ou vendre un objet sur eBay est très simple, mais faire de réelles bonnes affaires, en tant que vendeur ou acheteur, demande parfois un petit peu d'expérience. Rendez-vous sur le site `www.ebay.fr` et laissez-vous guider. Vous devez vous inscrire pour effectuer une enchère. Cliquez sur **Aide** pour obtenir des informations sur la manière de faire un achat ou de vendre un objet.

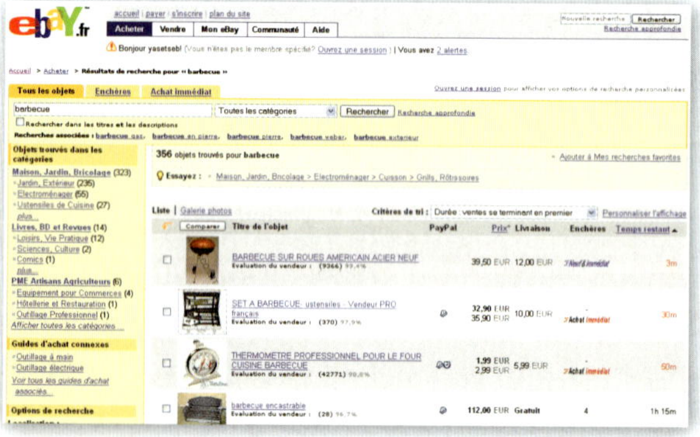

Sept jours pour changer d'avis

Comme pour toute vente à distance, l'acheteur dispose en principe d'un délai de rétractation de **sept jours francs** à compter de **la livraison**. Le remboursement doit vous être fait dans les **trente jours** suivant celui où vous avez exercé votre droit de rétractation. Néanmoins, dans plusieurs cas, la loi **n'oblige pas** le professionnel à reconnaître ce droit. Il existe d'ailleurs plusieurs exceptions à ce délai de rétractation.

Par ailleurs, examinez soigneusement les **conditions de retour** du produit (y compris s'il est défectueux). Vous devez savoir si les frais de retour sont à votre charge. Selon le code de la consommation, sachez que, dans le cas du retour d'un produit dans le délai de sept jours, ces frais de retour sont à la charge de l'acheteur. Attention, toutefois : des frais ou des pénalités supplémentaires ne peuvent en aucun cas être exigés !

Donnez votre numéro de carte bancaire par l'Internet

Contrairement à ce que beaucoup pensent, régler une commande en ligne par carte bancaire n'est pas forcément dangereux. Il existe toutefois des règles simples à respecter :

- Vous devez connaître le commerçant et disposer de toutes ses coordonnées.
- La page de paiement doit être *sécurisée*. Cela signifie que le commerçant a mis en place un système où les données transmises seront *cryptées* et donc impossibles à lire et à intercepter par un « pirate ».

En outre, voici trois erreurs à ne pas commettre avec votre carte bancaire :

- Ne stockez pas votre numéro de carte bancaire sur votre ordinateur.
- N'envoyez jamais vos informations confidentielles par e-mail ou par messagerie instantanée.
- Ne prêtez pas votre carte bancaire à un tiers ! Votre carte est strictement personnelle, vous ne devez la prêter en aucune circonstance.

Que signifie « sécurisé » ? Simplement que les informations sont acheminées après avoir été *cryptées*, c'est-à-dire codées par un procédé informatique qui rend impossible leur lecture, sauf par l'établissement bancaire choisi par le commerçant (qui est le seul à posséder la clé de ce codage). Les données sont envoyées directement à l'établissement bancaire. Elles ne transitent par aucun intermédiaire et ne sont stockées nulle part sur l'Internet. Les responsables du site commerçant eux-mêmes n'ont pas accès à ces informations bancaires.

Comment savoir qu'une page est sécurisée ? Deux conditions doivent être réunies et permettent de repérer une page sécurisée :

- L'adresse qui apparaît dans le navigateur commence non pas par `http`, mais par `https`. Ce `s` signifie justement « sécurisé ».
- Une icône 🔒 apparaît tout près de l'adresse dans la fenêtre Internet Explorer.

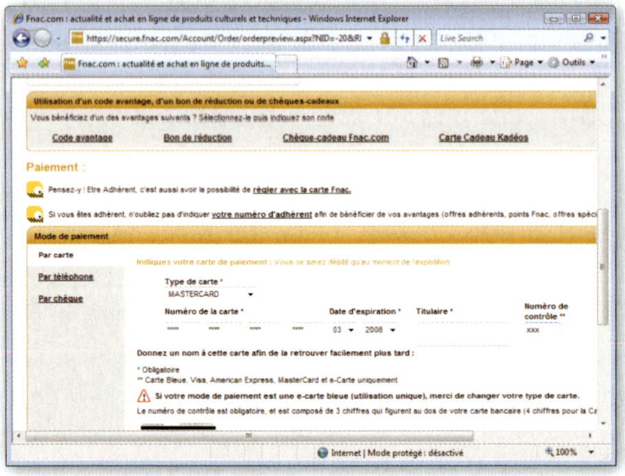

Et si vous faisiez une erreur en saisissant votre numéro de carte bancaire à 16 chiffres ou sa date d'expiration ? Vous ne voudriez pas que vos achats soient facturés à un tiers et vous retrouver accusé de piratage ! Vous imaginez peut-être aussi le cas inverse : un individu dont le numéro de carte bancaire est proche du vôtre se trompe et saisit votre numéro au lieu du sien... Enfin, vous pensez peut-être qu'une personne malveillante peut se procurer vos données en récupérant un ticket de paiement que vous avez perdu, ou saisir un numéro au hasard et tomber sur le vôtre, par exemple...

Rassurez-vous, tout cela est impossible ! La plupart des sites demandent aujourd'hui de fournir, en plus du numéro de carte bancaire à 16 chiffres et de la date d'expiration, le **code de sécurité** de la carte. Ce sont en fait les trois derniers chiffres du **cryptogramme visuel** (la série de chiffres) qui se trouve au dos de la carte. Ce cryptogramme visuel n'est jamais inscrit sur les tickets de paiement, ni mentionné sur les relevés de compte édités par votre banque.

Sa connaissance implique donc d'avoir eu la carte à laquelle il est associé entre les mains ! De plus, il existe un « lien mathématique » entre le numéro de la carte et sa date d'expiration, permettant de contrôler l'exactitude des données fournies. Les erreurs sont ainsi limitées... de même que les usages frauduleux.

Sachez enfin que si vous constatez un problème sur vos relevés de compte et décelez un usage frauduleux de votre carte de paiement, vous pouvez demander à votre établissement bancaire le remboursement des sommes en jeu. Vous devrez alors procéder à une déclaration sur l'honneur. C'est tout à fait légal !

Et si payer par carte bancaire, c'était même mieux ?

Maintenant que vous savez tout sur le paiement sécurisé par carte bancaire, je peux même insister sur les avantages que son utilisation procure ! En effet, outre la portée écologique du geste (vous n'utilisez pas un chèque !), il existe parfois un véritable intérêt à conclure une transaction par carte bancaire.

C'est par exemple le cas lorsque vous achetez un voyage, et même un week-end ou un séjour au ski, ou lorsque vous louez un véhicule : le fait de régler (tout ou partie) de la facture par carte vous donnera des garanties supplémentaires.

Les organismes gestionnaires de cartes bancaires peuvent offrir une assurance très complète, et couvrir vos frais en cas d'accident (soins, rapatriement, par exemple). Certaines cartes offrent même une assurance en cas d'annulation du voyage et une indemnisation en cas de retard d'avion ou de perte des bagages ! Renseignez-vous auprès de l'établissement qui vous a délivré cette carte.

Enfin, certaines cartes permettent un débit différé : les achats effectués par carte bancaire ne sont facturés qu'à la fin du mois suivant. Cela est aussi valable pour les achats sur le Web.

8 sites incontournables pour réussir vos achats sur le Web

1 **Fnac.com** pour tous vos achats culturels.

2 **eBay.fr**, la référence en matière d'enchères.

3 **Amazon.fr** pour trouver n'importe quel livre publié.

4 **Vente-privee.com** pour faire des affaires sans se déplacer.

5 **MisterGoodDeal**, pour des produits high-tech et de l'électroménager entre autres, avec de bonnes affaires permanentes.

6 **Voyages-sncf.com** pour vos billets de train et bien d'autres choses.

7 **GoVoyages.fr** pour vos billets d'avion et vos séjours, week-ends, *etc.*

8 **PriceMinister.com** pour tout trouver d'occasion.

Sachez réagir en cas de problème

Les sites présentés ci-dessus sont des enseignes bien connues et réputées pour leur sérieux. Il est donc peu probable que vous rencontriez un problème lors d'un achat. Notez toutefois que les sites qui permettent la vente entre particuliers, comme eBay, Amazon ou PriceMinister, ne garantissent pas que tout va bien se passer entre les vendeurs et les acheteurs.

En dehors de ce type particulier de transaction, certains problèmes peuvent survenir lorsque vous effectuez un achat sur le Web auprès d'un professionnel : objets non livrés, non conformes à la commande, endommagés, *etc.* Voici comment aborder ce genre de problèmes.

La première chose à faire est d'essayer de vous entendre à l'amiable avec le professionnel. Envoyez un courrier recommandé au service clients (s'il existe), sans oublier de préciser tous les détails de votre commande, les raisons précises de votre réclamation et ce que vous attendez : un remboursement, un échange, une pièce manquante, par exemple. En cas d'échec de cette démarche, vous pourrez vous tourner vers les associations de consommateurs et les organisations professionnelles.

Si vous n'avez pas été livré, envoyez une lettre RAR de mise en demeure au vendeur, dans laquelle vous spécifierez un délai (de l'ordre de dix jours). Si, à l'issue du délai, vous n'avez pas obtenu satisfaction, vous pourrez saisir le tribunal d'instance le plus proche de votre domicile. Des lettres types et une présentation des différentes procédures applicables sont disponibles sur le site de la DGCCRF (Direction générale de la concurrence, de la consommation et de la répression des fraudes) :

`www.minefi.gouv.fr/dgccrf`

Si votre litige concerne un professionnel étranger, commencez par suivre la même démarche qu'avec un professionnel français. Si cette démarche échoue et si ce professionnel est établi dans un pays membre de l'Union européenne, utilisez alors le formulaire de réclamation édité par la Commission européenne. Ce document est destiné à faciliter le dialogue avec le marchand et à rechercher une solution amiable au litige. Il est disponible sur le site du Centre européen des consommateurs :

`www.euro-conso.org`

Sinon, vous devrez probablement recourir au Réseau international de protection des consommateurs et de contrôle (RIPCC). Vous trouverez un formulaire de réclamation sur le site suivant :

www.imsnricc.org

Une fois complété, adressez ce formulaire à la Direction générale de la concurrence, de la consommation et de la répression des fraudes (DGCCRF).

KIT DE SURVIE

Que faire si un site non sécurisé me demande mon numéro de carte bancaire ?

Je vous conseille de passer votre chemin, tout simplement ! Même si le risque de piratage de vos coordonnées n'est pas absolu, la sécurisation du site est aussi un gage de sérieux de la part du commerçant.

Pourquoi est-il dangereux de transmettre les chiffres de ma carte bancaire par e-mail ou par messagerie instantanée ?

Comme je l'ai déjà expliqué, une page sécurisée effectue un *cryptage* des chiffres pour transmettre les coordonnées bancaires par l'Internet. Par e-mail ou par messagerie instantanée, les données transitent telles quelles, non cryptées, et peuvent être interceptées par d'éventuels « pirates » sur l'Internet ! Par ailleurs, les chiffres de votre carte bancaire sont des données personnelles, confidentielles, et vous n'avez aucune raison de vouloir les transmettre à autrui de cette manière !

Y a-t-il des biens interdits à la vente sur le Web ?

Oui ! Il existe une réglementation précise, et celle-ci relève tout simplement de la loi française.
Tout produit interdit à la vente en France l'est aussi sur l'Internet. Voici quelques exemples, dont certains vous paraîtront évidents :

- les animaux protégés,
- les organes humains,
- les objets volés,
- certains produits à base d'amiante,
- les contrefaçons de grandes marques,
- les stupéfiants,
- les copies illicites, piratées de fichiers (logiciels, musique, vidéo, *etc.*).

KIT DE SURVIE

✪ Certains achats me mettent-ils en danger vis-à-vis de la loi ?

On trouve de tout sur le Web, et même des objets interdits à la vente. C'est parfois le cas dans le cadre des enchères, où les vendeurs sont des particuliers, et peuvent proposer à peu près tout et n'importe quoi ! N'oubliez pas, non plus, que certains objets sont interdits en France, mais pas obligatoirement dans d'autres pays. Vous êtes responsable de vos achats !

Par ailleurs, certains objets font l'objet de polémiques et la loi peut encore évoluer à leur sujet. C'est par exemple le cas des objets constituant une incitation à la haine raciale au sens large, et des insignes nazis en particulier.

✪ Y a-t-il des ventes soumises à un contrôle strict, même sur le Web ?

Encore une fois, la réponse est oui. Même si on dit que le Web n'a pas de frontières, de nombreux produits, non interdits en France, sont toutefois soumis à un contrôle strict. Par exemple :

- les armes et les munitions de guerre,
- certaines plantes et autres produits d'origine végétale,
- certains médicaments,
- les parfums, le tabac, l'alcool, et tout autre produit soumis à la réglementation des douanes.

Et la liste est longue… Pour acheter ce type de produits, il est généralement nécessaire d'obtenir une autorisation auprès des douanes.

POUR RÉSUMER

- On peut acheter à peu près tout et n'importe quel produit ou service autorisé à la vente traditionnelle sur le Web. Outre l'achat auprès d'un professionnel, le Web a créé de nouvelles formes de ventes, dont les enchères en ligne, par exemple.
- Pour éviter les problèmes, choisissez toujours un commerçant bien identifié, comparez les prix et lisez la description du produit et les conditions générales de vente avant d'acheter. Vérifiez aussi les conditions et la date de livraison.
- N'hésitez pas à régler par carte bancaire, en vous assurant toutefois que la page est bien sécurisée. L'adresse de la page doit commencer par `https` et une icône 🔒 doit figurer près de l'adresse du site Web dans la barre d'adresse d'Internet Explorer.
- En cas de litige, commencez par effectuer des démarches d'entente à l'amiable avec le professionnel. Si elles échouent, adressez-vous à la Direction générale de la concurrence, de la consommation et de la répression des fraudes (DGCCRF), au Centre européen des consommateurs ou, enfin, au Réseau international de protection des consommateurs et de contrôle (RIPCC), selon le pays où se trouve le vendeur.
- Essayez aussi les ventes aux enchères, sur des sites comme eBay, ou certaines agences de voyages, pour faire de bonnes affaires et/ou trouver la perle rare !

Un espace personnel Windows Live Spaces

Avec Windows Live Spaces, créer et gérer votre blog, c'est gratuit et facile. Il suffit d'activer votre espace personnel, puis de créer votre premier billet.

CHAPITRE 12

Créez votre propre blog

Ce dernier chapitre est une introduction au phénomène de société que sont les blogs. Vous avez probablement entendu parler de ces « journaux intimes en ligne », très à la mode depuis quelques mois déjà. Que sont les blogs, et à quoi servent-ils ? Découvrez les caractéristiques essentielles d'un blog, qui vont permettront de communiquer et de rester en contact avec vos proches *via* l'Internet.

Enfin, lancez-vous à votre tour dans l'univers des blogs : créez votre propre blog grâce à l'« espace personnel » offert par Windows Live (vous y avez droit puisque vous utilisez déjà Windows Live Messenger), rédigez votre première note et personnalisez l'apparence de ce blog.

AU MENU

- **Découvrez les blogs**
- **Les différents types de blogs**
- **Le cœur des blogs : les notes**
- **Découvrez votre « espace personnel » Windows Live**
- **Créez votre premier blog !**
- **Publiez une note dans votre blog**
- **Personnalisez l'apparence du blog**
- **Partagez un album photos**

Découvrez les blogs

Qu'est-ce qu'un blog ?

Un blog peut être défini simplement comme un journal de bord ou un journal intime en ligne. Les blogs, inventés aux États-Unis vers la fin des années 1990, sont devenu un véritable phénomène mondial depuis 2002.

Le mot *blog* vient de la contraction des termes *Web* et *log*. Le premier, *Web*, vous le connaissez : c'est l'ensemble des sites et des pages que vous pouvez parcourir grâce à l'Internet. En anglais, le mot *log* désigne, quant à lui, un registre, un journal de bord, un carnet de vol ou de route, ou tout simplement un journal. Un blog est donc un journal personnel publié sur le Web. Les Québécois disent aussi « blogue ». Vous rencontrerez peut-être également le mot *weblog*.

Chacun est libre de créer un blog sur le sujet de son choix, et il existe autant de blogs que de personnalités ! Voici quelques exemples :

- le blog personnel, journal en ligne quotidien ;
- le « blog passion », consacré à un hobby (fleurs, Inde, animal de compagnie, *etc.*) ;
- le « blog d'opinions », pour donner son avis ou exprimer des revendications sur un sujet de société, l'actualité ou la politique… ;
- le « blog d'admirateur », consacré à un artiste, un sportif, un film ou une émission de télé, et destiné à rassembler d'autres fans ;
- le « blog de groupe » utilisé pour rester en contact avec sa famille, entre amis, membres d'un club sportif ou collègues de travail ;
- le « blog de voyage », idéal pour partager ses aventures et ses photos de voyage au jour le jour ;
- le « blog événementiel », consacré à un événement spécial (mariage, naissance, déménagement, *etc.*).

Et cette liste n'est pas exhaustive : à vous d'inventer votre propre blog !

Comment fonctionne un blog

C'est le principe même du blog qui fait de ce dernier un moyen d'expression unique. Un blog est en effet un type particulier de site Web dit « personnel », avec du texte, des liens, des images. Cela vous semble complexe et inaccessible ? Ce n'est pas du tout le cas ! Un blog est beaucoup plus facile à créer et à gérer qu'un site Web ordinaire, et ne fait appel à *aucune* compétence technique.

Créer un blog prend quelques secondes, et pour le faire vivre, il suffit ensuite de rédiger des *notes* (parfois appelées *messages*, *articles* ou *billets*). Chaque note a un titre, un corps (le texte de la note elle-même) et une date. Un blog est tout simplement constitué de l'ensemble de ces notes, qui apparaissent dans *l'ordre chronologique inverse* de leur publication (les dernières notes écrites sont visibles avant les autres, plus anciennes). Tout est ensuite géré automatiquement : l'ordre d'apparition des notes, l'affichage d'un calendrier, l'apparence graphique du blog, *etc.*

La seule chose dont vous devez vous occuper est d'écrire des notes pour vos lecteurs... Les blogs sont ainsi un moyen idéal de communiquer grâce à l'Internet !

Un espace de communication et d'échange sur le Web

Un blog est composé d'un ensemble de notes. Ce sont elles qui animent le blog, le rendent vivant. L'intérêt d'un blog est donc aussi d'être lu par les autres. C'est d'ailleurs l'un des autres aspects du « phénomène » : un blog permet de partager et de fédérer une communauté. Les visiteurs peuvent lire les notes, mais aussi laisser des commentaires pour interagir avec l'auteur ou donner leur avis.

Donner son avis, voilà aussi une des principales caractéristiques des blogs. Un blog est en effet un espace d'expression personnelle, où son auteur peut parler de lui-même, bien sûr, mais aussi de tout ce qu'il souhaite !

Quelques blogs à visiter

http://www.tetellita.blogspot.com

Le Hamburger et le croissant : un blog original de recettes de cuisine, écrit par une Française installée aux États-Unis.

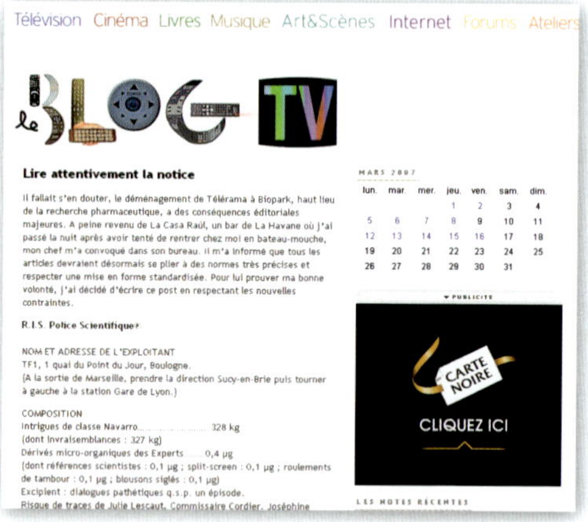

http://blogtv.telerama.fr

Blog TV : le blog du journal *Télérama* sur la télévision.

http://scally.typepad.com

C'est moi qui l'ai fait ! : un autre blog de recettes sympathique.

http://passouline.blog.lemonde.fr/

La république des livres : le blog de Pierre Assouline sur les livres.

`http://monblogdefille.mabulle.com/`

Mon blog de fille : le blog de la talentueuse Hélène, une des pionnière du blog personnel.

`http://www.parisdailyphoto.com/`

Paris Daily Photo : un blog photographique sur Paris.

`http://penseesderonde.mabulle.com/`

Pensées d'une ronde : un blog divertissant et bien écrit à découvrir !

`http://www.blogvert.org/`

Blogvert : un blog sur l'actualité écologique.

http://greniertv.over-blog.com/

Le grenier de la télé : plein de souvenirs pour les nostalgiques de la TV des années 1980-1990.

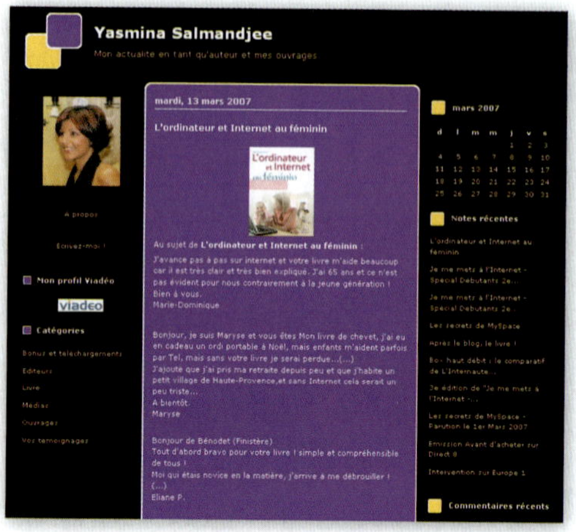

http://yasminasalmandjee.blogspirit.com/

Yasmina Salmandjee : le blog de l'auteur de cet ouvrage.

Choisissez un prestataire de blogs

Pour créer un blog, il faut commencer par choisir un *prestataire de blogs*, c'est-à-dire un site Web spécialisé, permettant de créer et de mettre à jour un blog. Il en existe une multitude, et tous proposent sensiblement les mêmes fonctionnalités. Certains sont gratuits, d'autres non. Il en existe énormément.

Inutile cependant d'aller chercher bien loin, car si vous utilisez Windows Live Messenger, (voir le chapitre 9), grâce à votre identifiant Windows Live Id, vous disposez d'office d'un espace réservé à votre blog et à vos photos : **Spaces**. Il suffit de l'activer !

Nous allons voir cela immédiatement. Notez dès à présent que votre espace personnel fournit plus qu'un simple blog : il permet aussi de créer des albums photos, ou de gérer des listes de livres, par exemple.

PAS À PAS

Activez votre espace personnel Windows Live Spaces

Vous n'avez ici aucun compte à créer puisque votre compte Windows Live vous donne accès à ce service automatiquement ! Vous devez néanmoins activer votre espace personnel Windows Live Spaces. Pour accéder rapidement ce dernier :

1 Commencez par vous connecter à Windows Live Messenger, comme expliqué au chapitre 9.

2 Dans la fenêtre principale de Messenger, cliquez sur **Afficher votre espace perso**.

3 Une fenêtre Internet Explorer s'ouvre et vous demande de choisir le nom à inclure dans l'adresse Web de votre espace personnel. En effet, ce dernier est finalement un site Web, comme ceux que vous avez découverts dans les chapitres précédents. Vous allez donc avoir votre propre adresse Web ! Saisissez le nom de votre choix (je vous conseille néanmoins, pour des raisons pratiques et/ou de sobriété, de choisir le même nom que pour votre identifiant Messenger, par exemple).

4 Cliquez sur **Vérifier la disponibilité**. Si le nom que vous avez choisi est déjà utilisé par un autre membre de Windows Live Spaces, vous devrez en choisir un autre.

5 Cliquez sur **Créer**.

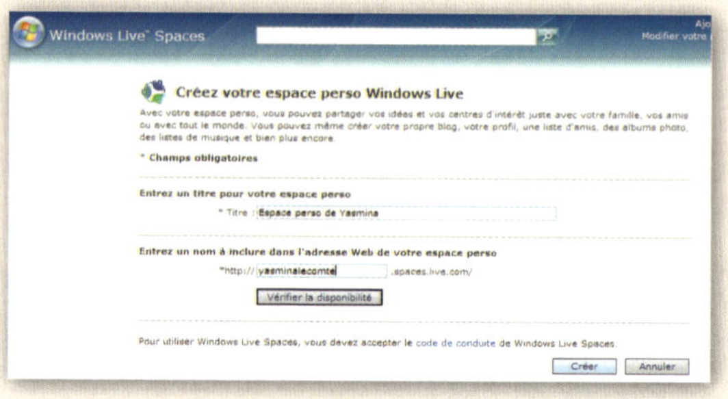

6 Et voilà ! Votre espace personnel est désormais créé. Son adresse Web s'affiche. Cliquez sur le lien pour afficher votre espace personnel Windows Live Spaces.

7 Votre espace personnel, pour l'instant vierge, s'affiche.

PAS À PAS

Créez votre blog sur votre espace personnel Windows Live Spaces

Comme je l'ai évoqué plus haut, un blog est constitué de billets ou notes. Pour démarrer votre blog, la prochaine étape consiste donc tout simplement à créer votre première note sur votre espace Windows Live Spaces.

1 Dans votre espace personnel, cliquez sur **Modifier votre espace perso**.

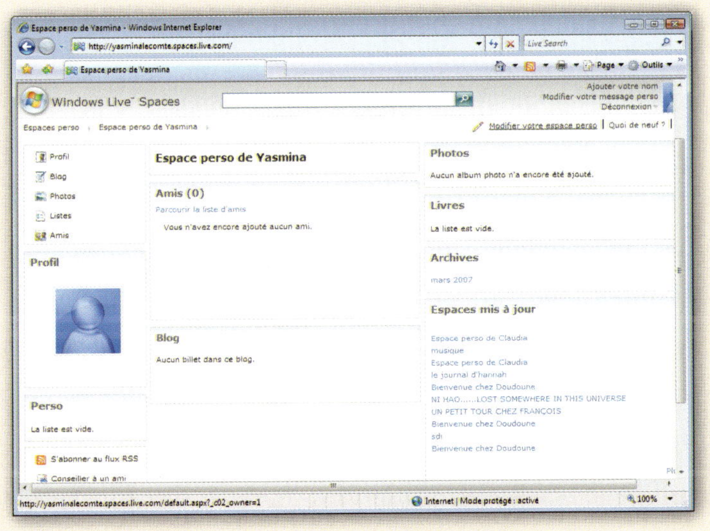

2 Dans la section **Blog**, cliquez sur **Ajouter** pour créer un nouveau billet. Il est temps à présent de laisser faire votre talent et votre imagination !

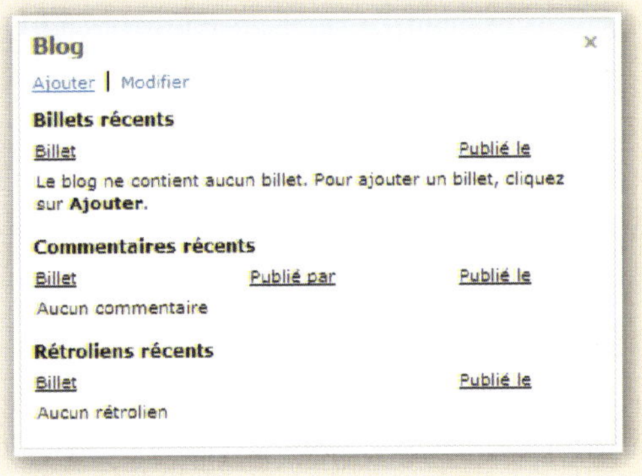

3 Saisissez un titre pour votre billet.

4 Dans la zone d'édition principale, tapez le texte de votre billet.

5 Lorsque vous avez terminé, cliquez sur **Publier le billet**.

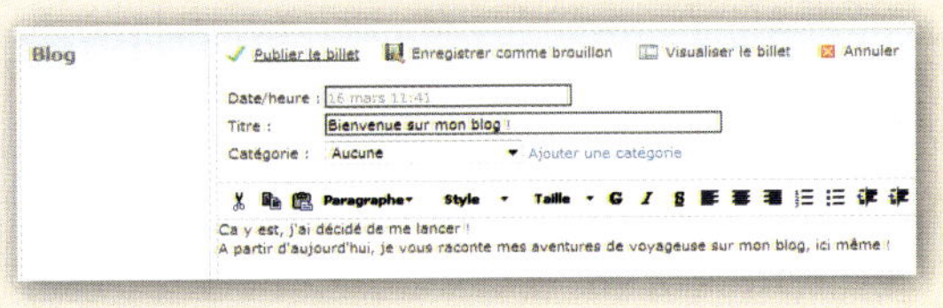

6 Pour voir votre blog, vous devez cliquer sur **Quitter le mode édition**. Votre note apparaît dans la section **Blog**. Et voilà ! Votre blog existe bel et bien sur le Web.

Bien sûr, votre blog, pour susciter l'intérêt, doit être mis à jour. Il ne vous reste qu'à créer régulièrement de nouveaux billets !

KIT DE SURVIE

✪ Comment limiter l'accès à mon espace personnel ?

Vous ne souhaitez pas que n'importe qui puisse lire votre blog ou voie vos albums photos ? Windows Live Spaces a pensé à tout : vous pouvez restreindre l'accès à votre espace personnel uniquement à vos amis ou contacts Messenger. Pour cela, cliquez sur **Modifier mon espace perso**, puis sur **Options**, et enfin sur **Autorisations**. Vous pourrez alors choisir qui peut ou non accéder à votre espace personnel.

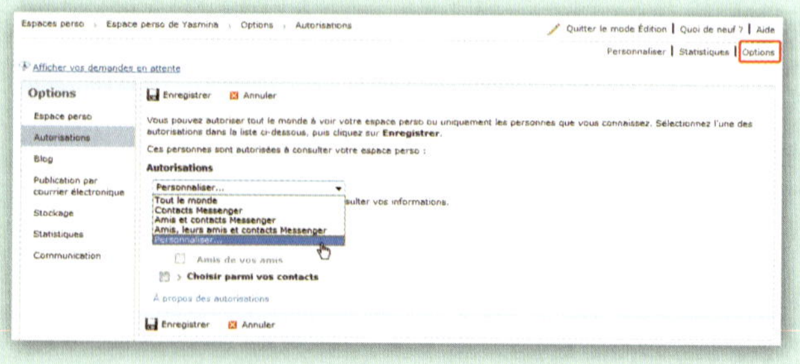

Personnalisez l'apparence de votre espace personnel

L'apparence par défaut de votre espace personnel est relativement austère, vous en conviendrez. Elle ne vous plaît pas beaucoup ? Pas d'inquiétude, nous allons bientôt voir comment en changer. C'est l'un des autres immenses atouts de l'espace personnel Windows Live Spaces et des blogs en général : il suffit d'un simple clic pour complètement en changer l'apparence sans avoir à réécrire une seule ligne du contenu ! On appelle cela un changement de **thème**.

PAS À PAS

Changez le thème de votre espace personnel

Rien de plus facile que de transformer complètement l'apparence de votre espace personnel ! Quelques secondes suffisent : il suffit de choisir un nouveau « thème » dans les réglages de Windows Live Spaces. Changer de modèle est une opération aussi simple que spectaculaire. En un clic seulement, vous pouvez décider d'une toute nouvelle apparence pour votre blog. Les notes et le contenu des albums photos ne seront en rien modifiés.

1 Cliquez sur **Modifier mon espace perso**, puis sur le lien **Personnaliser**.

2 Cliquez sur l'onglet **Thèmes** et choisissez un sujet : **Thèmes simples**, **Animaux**, **Art**, *etc*. Les différents thèmes disponibles apparaissent sous la forme de vignettes.

3 Un simple clic sur une vignette applique le thème à votre espace personnel et en change radicalement l'apparence ! Cliquez successivement sur chaque thème jusqu'à en trouver un qui vous convienne.

4 Vous pouvez aussi ajouter des modules à votre espace personnel (cliquez sur **Modules**) ou encore modifier la disposition de votre espace.

5 Cliquez ensuite sur **Fermer**.

6 Après avoir choisi un thème, ajouté un module ou modifié la disposition de votre espace personnel, n'oubliez pas de cliquer sur **Enregistrer** pour sauvegarder les modifications.

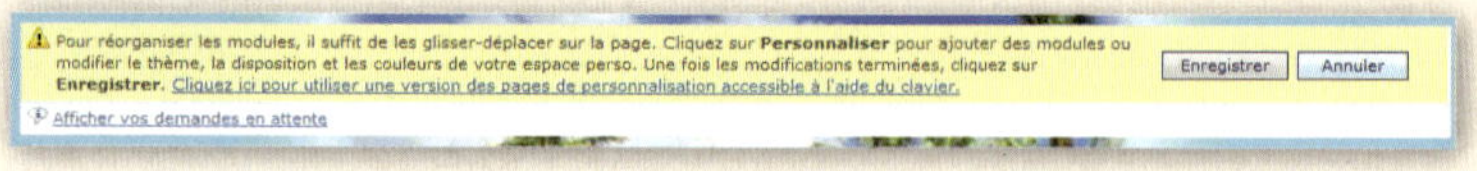

PAS À PAS

Renseignez votre profil

Dernière chose avant de terminer sur les espaces personnel Windows Live Spaces : complétez les informations de votre profil et dites-en un peu plus sur vous.

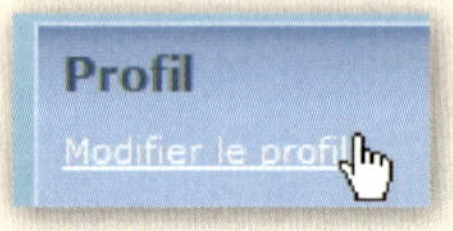

1 Cliquez sur **Modifier mon espace perso**, puis sur **Modifier le profil,** dans la section **Profil**.

2 Renseignez les champs de votre choix. Rien ne vous oblige à divulguer une information que vous souhaitez garder pour vous, ne l'oubliez pas !

3 Pour modifier votre photo, cliquez sur **Parcourir** et sélectionnez une photo dans vos images.

4 Cliquez sur **Enregistrer**.

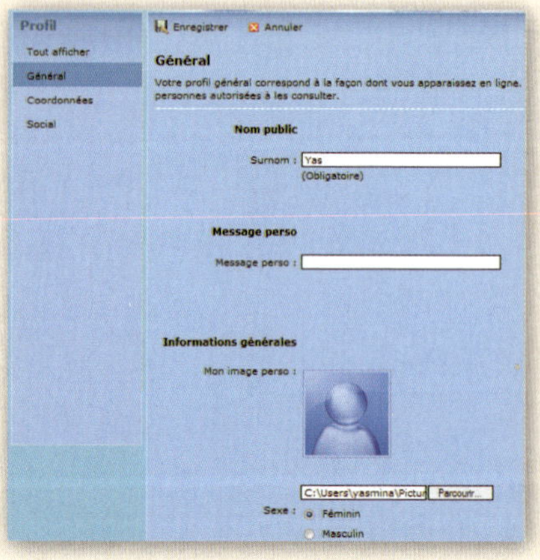

Je vous laisse désormais explorer seul(e) les autres modules qui composent votre espace personnel Windows Live Spaces, tels que les albums photos, listes d'amis et de livres, *etc.* Il y a de quoi vous occuper pendant un certain temps, et de nombreuses options pour partager plein de choses avec vos proches !

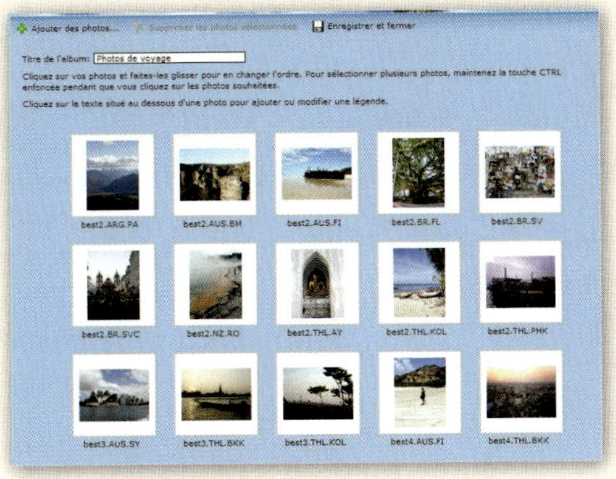

KIT DE SURVIE

Comment mes proches pourront-ils accéder à mon espace personnel ?

Dans leur fenêtre Messenger, à chaque fois que vous effectuerez une modification de votre espace personnel, une petite étoile s'affichera à côté de votre nom. Ils sauront ainsi que votre espace personnel a été mis à jour, et il leur suffira de cliquer dessus pour afficher votre « carte de visite » et accéder à votre espace personnel.

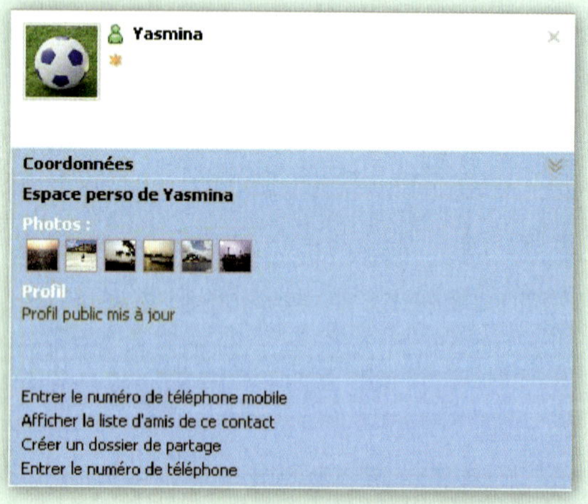

Quelle est l'adresse Web de mon espace personnel Windows Live Spaces ?

Pour accéder à votre espace personnel sans passer par Messenger, vous devez saisir l'adresse Web (ou URL) de votre espace personnel. Cette adresse est toujours du type : `http://nom.spaces.live.com`

Dans mon exemple, l'adresse du blog est : `http://yasminalecomte.spaces.live.com`

Pour accéder à votre espace personnel, vous pouvez donc saisir directement cette adresse dans la barre d'adresse d'Internet Explorer. C'est cette adresse que vous devez communiquer à vos proches pour qu'ils puissent consulter votre blog.

Peut-on dire tout ce qu'on veut dans un blog ?

Les propos tenus dans un blog engagent la responsabilité de l'auteur de ce dernier. Si vous tenez dans votre blog des propos à caractère menaçant, anticonstitutionnel, vulgaire, raciste, pornographique, diffamatoire, offensant, criminel, dégradant ou violant le code de la propriété intellectuelle et/ou portant atteinte aux droits des marques, vous engagez votre propre responsabilité vis-à-vis de la loi. Vous êtes donc libre, mais aussi entièrement responsable de ce que vous dites dans votre blog.

KIT DE SURVIE

✪ Attention aux droits d'auteur !

L'utilisation de photos et la mise à disposition de fichiers sur l'Internet soulèvent plusieurs questions, liées au respect du droit d'auteur et de la propriété intellectuelle. Il est **illégal** de diffuser par l'Internet toute œuvre (texte, photographie, image, musique, vidéo, et même programme), à moins d'en posséder les droits officiellement. Autrement dit, vous pouvez uniquement publier les photos que ***vous*** avez réalisez vous-même... tout en n'oubliant pas le droit à l'image, si des individus apparaissent sur les clichés. Vous pouvez aussi diffuser de la musique que vous avez composée, mais pas celle des autres !

POUR RÉSUMER

- Le blog est un moyen de communiquer et de s'exprimer sur le Web. Bien plus facile à créer qu'un site Web personnel, il permet de se concentrer sur l'écriture des notes.
- Le cœur d'un blog, ce sont les notes. Un blog n'est d'ailleurs rien d'autre qu'une collection de notes, affichées dans l'ordre inverse de leur publication (les plus récentes en premier). Les notes peuvent contenir plus que du texte simple : des mises en forme, des images ou des liens, par exemple.
- Avec Windows Live Spaces, créer et gérer votre blog, c'est gratuit et facile. Il suffit d'activer votre espace personnel, puis de créer votre premier billet.
- Un aspect intéressant des blogs est qu'il est extrêmement simple d'en changer l'apparence, sans que le contenu du blog lui-même (les notes) ne soit modifié. Avec les thèmes de Windows Live Spaces, quelques clics suffisent pour transformer radicalement votre espace personnel !

Votre carnet d'adresses Web

Les 8 sites incontournables

Google

www.google.fr

Les pages jaunes et blanches

www.pagesjaunes.fr

Mappy

www.mappy.fr

Yahoo!

www.yahoo.fr

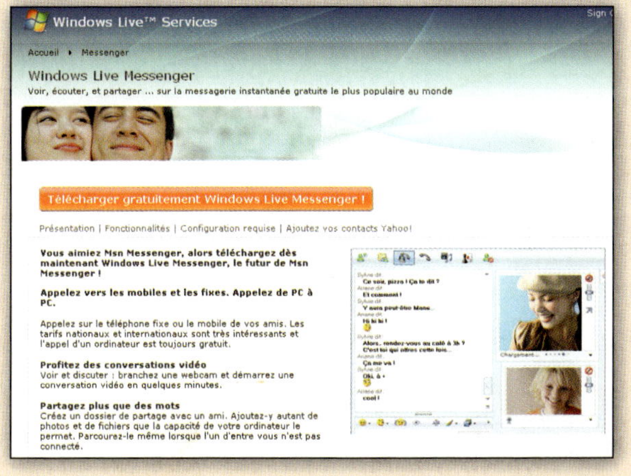

Messenger

http://messenger.msn.fr

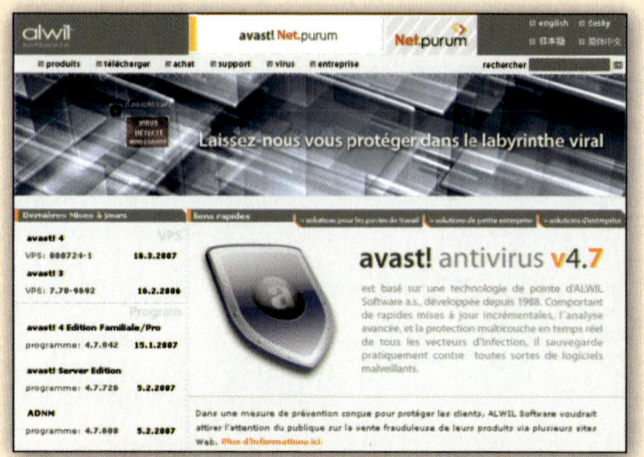

Antivirus avast!

www.avast.com/fre

Télécharger.com

www.telecharger.com

Ctqui, l'annuaire téléphonique inversé

www.ctqui.com

Journaux

Le Monde

www.lemonde.fr

Libération

www.liberation.fr

Le Figaro

www.lefigaro.fr

Le Nouvel Observateur

http://tempsreel.nouvelobs.com

Télérama

http://www.telerama.fr/

Apprendre et se divertir

AlloCiné

www.allocine.fr

Marmiton

www.marmiton.org

Doctissimo

www.doctissimo.fr

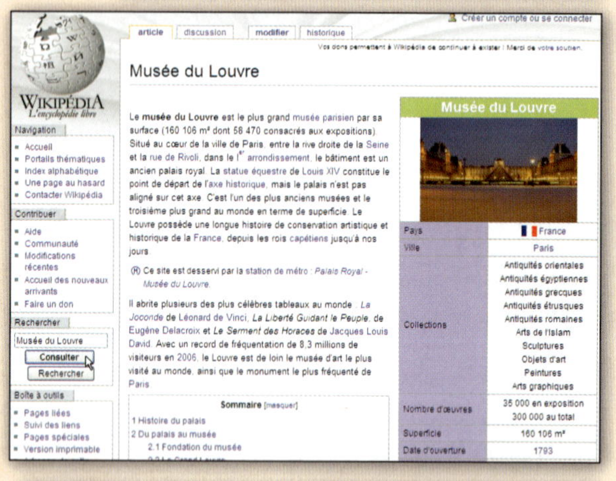

Wikipedia

www.wikipedia.org

L'Internaute

www.linternaute.com

Au Féminin

www.aufeminin.com

Géoportail

www.geoportail.fr

Senior Planet

www.seniorplanet.fr

DailyMotion

www.dailymotion.com/fr/

YouTube

www.YouTube.com

INA

www.ina.fr

Voyages

Voyages SNCF

www.voyages-sncf.fr

Go Voyages

www.govoyages.com

Vivacances

www.vivacances.fr

Hôtels.com

www.hotels.com

Bookings

www.bookings.fr

HotelClub

ww.hotelclub.net

Routard

www.routard.com

Lonely Planet

www.lonelyplanet.fr

EasyVols

www.easyvols.fr

Last Minute

www.lastminute.fr

Promovac

www.promovac.com

Toorista

www.toorista.com

TripAdvisor

www.tripadvisor.fr

Around the Worlds

www.aroundtheworlds.com

RATP

www.ratp.info

Action Visas

www.action-visas.com

Blogs

Le Hamburger et le Croissant

http://www.tetellita.blogspot.com

C'est moi qui l'ai fait !

scally.typepad.com

Blog TV Télérama

blogtv.telerama.fr

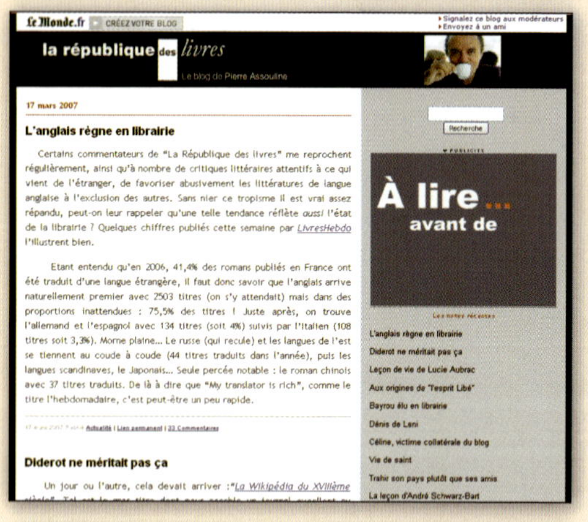

La République des livres

http://passouline.blog.lemonde.fr/

Mon blog de fille

http://monblogdefille.mabulle.com/

Pensées d'une ronde

http://penseesderonde.
mabulle.com/

Paris Daily Photo

http://www.parisdailyphoto.
com/

Blogvert

http://www.blogvert.org/

Le grenier de la télé

http://greniertv.over-blog.com/

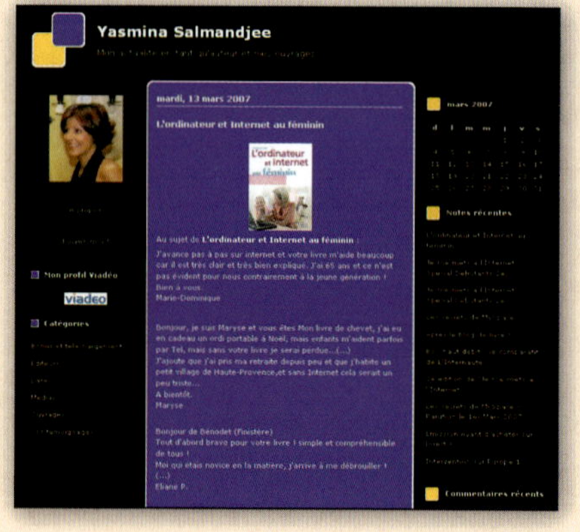

Le blog de l'auteur

yasminasalmandjee.blogspirit.com

Démarches administratives

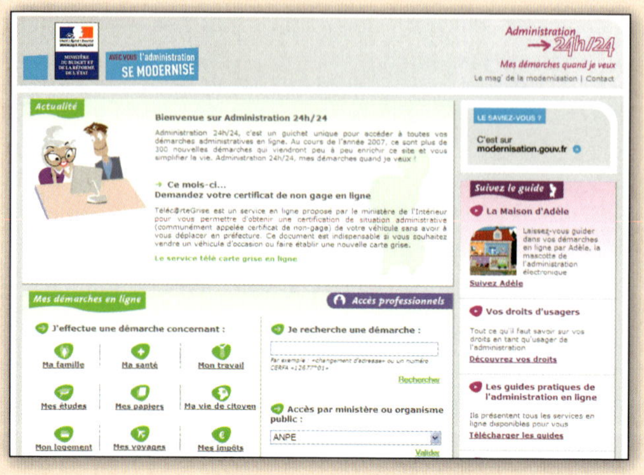

Administration24h24

https://www.administration24h24.gouv.fr/

Impôts

www.impots.gouv.fr

Caisse d'allocations familiales

www.caf.fr

Logement

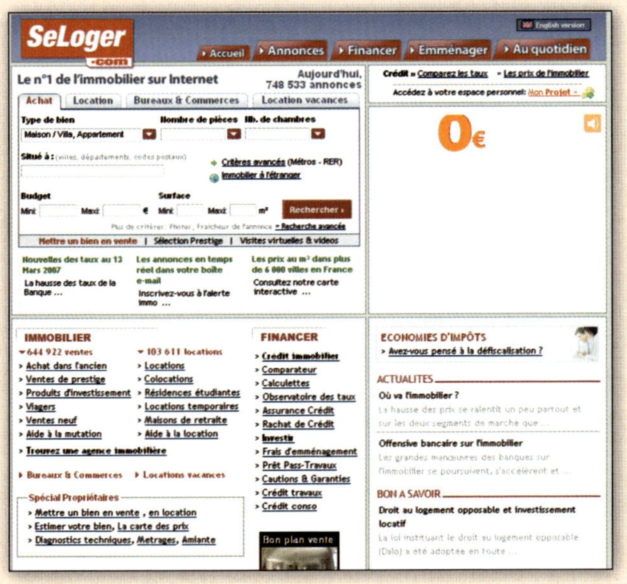

Seloger

www.seloger.com

De Particulier à particulier

www.pap.fr.

Meilleurtaux

www.meilleurtaux.com

Assurland

www.assurland.com

Emploi

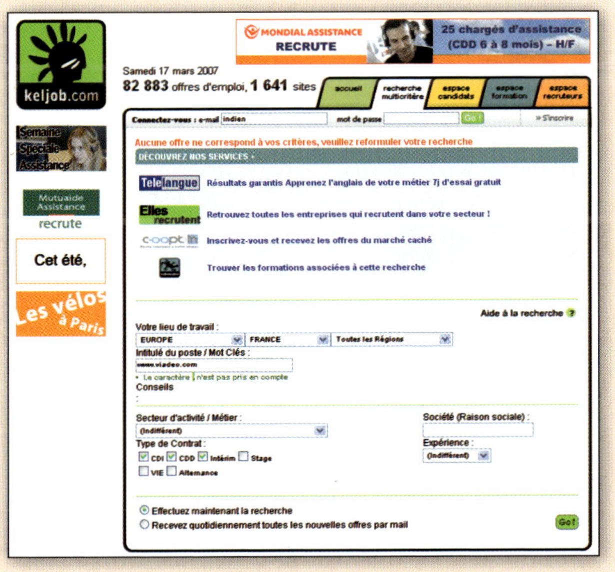

ANPE

www.anpe.fr

Apec

www.apec.fr

Keljob

www.keljob.fr

Assedic

www.assedic.fr

Réseaux et communautés

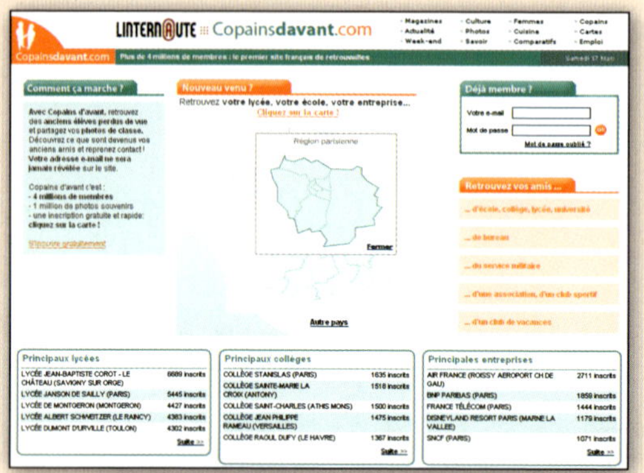

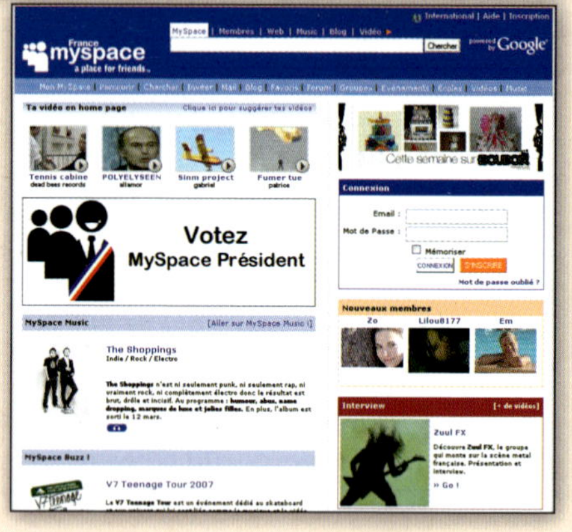

Copains d'avant

www.copainsdavant.com

Photo de classe

www.photo-de-classe.com

Trombi

www.trombi.com

Viadeo

www.viadeo.com

Linked-In

www.likedin.com

MySpace

www.MySpace.com

Achats en ligne

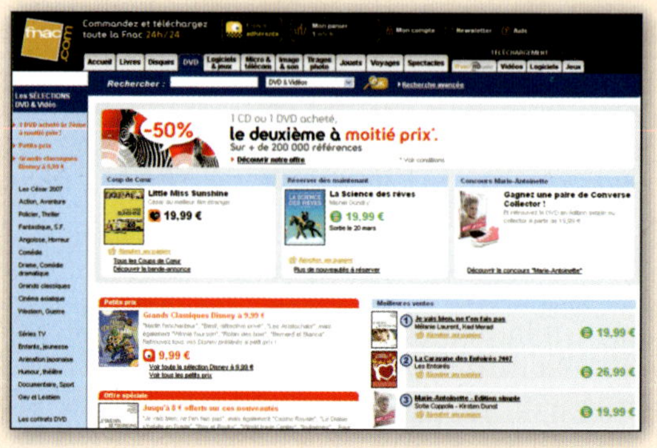

Fnac

www.Fnac.com

eBay

www.eBay.fr

Amazon

www.Amazon.fr

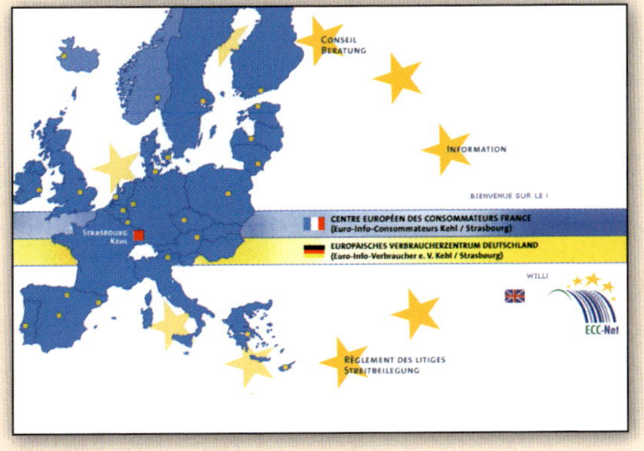

Price Minister

www.PriceMinister.com

Vente-privée

www.Vente-privee.com

DGCCRF (Direction générale de la concurrence, de la consommation et de la répression des fraudes)

http://www.finances.gouv.fr/DGCCRF/

Centre européen des consommateurs

www.euro-conso.org

RIPCC (Réseau international de protection des consommateurs et de contrôle)

www.icpen.org

Laboratoires photographiques

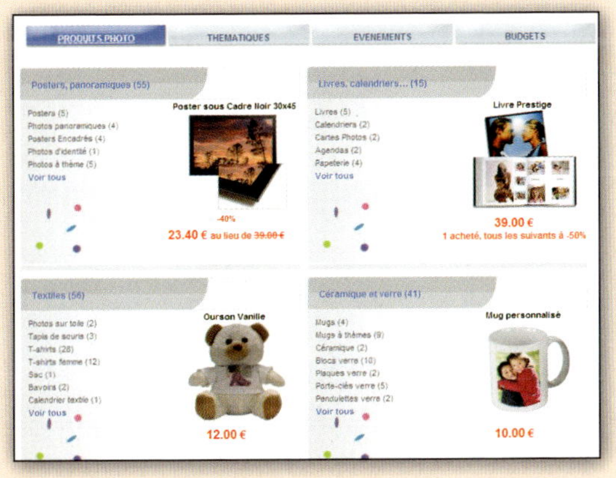

Photo Service

www.photoservice.com

Fnac Photo

www.fnacphoto.com

MyPIXmania

www.mypixmania.com

Radios

Radio France
www.radiofrance.fr

BFM
www.radiobfm.com

Chante France
www.chantefrance.com

Chérie FM
www.cheriefm.fr

Contact FM
www.contactfm.com

Europe 2
www.europe2.fr

Radio Nostalgie
www.nostalgie.fr

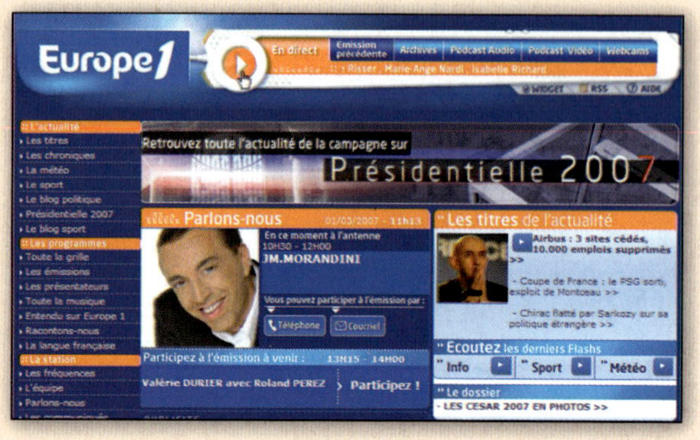

NRJ
www.nrj.fr

Radio Classique
www.radioclassique.fr

Radio Courtoisie
www.radiocourtoisie.com

Radio Nova
www.novaplanet.com

RFI
www.rfimusique.com

RFM
www.rfm.fr

Rire et chansons
www.rireetchansons.fr

RTL
www.rtl.fr

RTL 2
www.rtl2.fr

RTL Sport
www.rtlsport.com

Sud Radio
www.sudradio.fr

Banques en ligne

Banque de France

www.banque-france.fr

Banque populaire

www.banquepopulaire.fr

Natexis Banques Populaires

www.nxbp.fr

BNP

www.bnpnet.bnp.fr

BRED

www.bred.fr

Caisse d'Épargne

www.caisse-epargne.fr

Crédit Agricole

www.credit-agricole.fr

Crédit Lyonnais

www.creditlyonnais.com

Crédit Mutuel

www.creditmutuel.fr

Cortal

www.banque-cortal.fr

CIC

www.cic-banques.fr

CCF

www.ccf.fr

Société Générale

www.socgen.com

La Banque Postale

www.labanquepostale.fr

Crédit du Nord

www.cdn.fr

Banque Hervet

www.banque-hervet.fr

BNP Paribas

www.bnpparibas.com

Index

Symboles

A

B

C

D

F

G

H

I

J

K

L

M

N

O

P

R

S

T

U

V

W

X

Y

COLLECTION SPÉCIAL DÉBUTANTS

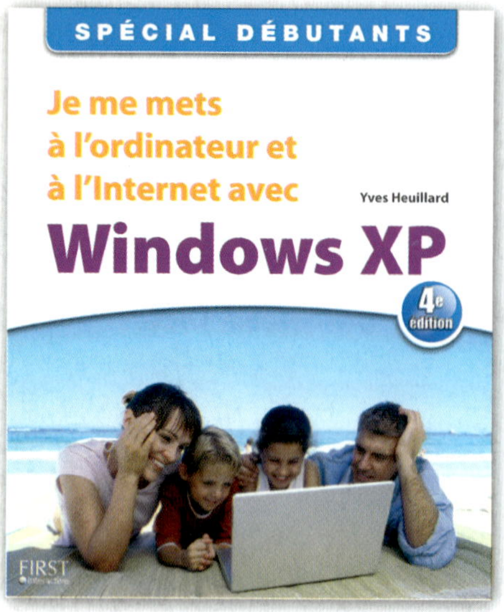